FLASH FORESIGHT

HOW TO SEE
THE INVISIBLE
AND DO THE IMPOSSIBLE

如何看到不可见，做到不可能

理解未来的
7 个原则

［美］丹尼尔·伯勒斯（Daniel Burrus）

［美］约翰·戴维·曼（John David Mann）| 著

金丽鑫 | 译

江西人民出版社
Jiangxi People's Publishing House
全国百佳出版社

目　录

前　言

远见力让戴尔·摩根（Dale Morgen）产生了突发奇想。

和大多数人一样，戴尔关注能源涨价、环境污染、气候变化和石油带来的政治问题。和大多数人一样，他也知道，改用核能发电有它自己的问题，包括放射性废物和灾难性事故，更别提核能被恐怖主义利用了。

然而，和大多数人不同的是，戴尔是一个多产的发明家，拥有超过三十项非常成功的专利。[1] 他在发明中，磨炼了一项技能，这项技能使他突发奇想。我把它称为闪现的远见力。这本书的目的是向你展示远见力是如何发挥作用的。你可以在你的职业生涯和生活中运用它。

闪现的远见力除了使用五种感官，还会用到被我们称为直觉的第六感。某种意义上，我们都有一些直觉或预感，但闪现的远见力更进一步。因为使用远见力，你就要综合这些感觉和直觉本能，还要加上时间的维度，才能预测未来。闪现的远见力能让未来变得显而易见。它是一种直观把握，可以预见未来。一旦你学会了它，就能揭示隐藏的机会，并帮助你解决最大问题。远见力能够让任何人窥见并塑造他或她的未来。

我不会告诉你任何你不知道的事。我们每个人都有过直觉闪现的经验，这些闪现提醒我们未来即将发生的事。你有没有说过"我早就知道应该怎么做"或者"我知道之后会发生什么"？这是事后诸葛亮，因为你通常不会提前知道预感是否准确。学习如何区分哪些是可靠的先见之明，哪些只是预感，是本书的主旨。远见力是一种感性认识，是一种可以开发、细化、强化的技能。我会告诉你它是如何工作的，以及如何让它时常为你工作。

通过本书，我们会看到真实的人物、真实的问题，学会如何找到真正解决问题的办法。我们将看到数百位过度劳累的重症监护护士如何在极度忙碌的工作中匀出三个多小时的空闲时间，在财务问题中挣扎的市区学校如何分文不花却拯救了自己的教学项目，以及电话公司如何独辟蹊径改变了非洲的社会和经济状况。我们有许许多多的案例，让你明白如何使用远见力，看到无形的东西，做到不可能的事。

让我们先从发明家戴尔开始，来看看他是如何使用这个强大的原则实现他的伟大想法的。

戴尔知道，还有另一种方法，能解决我们不断加剧的能源危机。这种方法不使用化石燃料，不排放温室气体或其他任何污染，也不产生对环境有害的物质。这种方法叫作核聚变，许多科学家认为它可能成为 21 世纪及未来的能源。

"比方说，用现今最高效的燃料电池燃烧一定量的氢气和氧气，"摩根解释说，"你会得到 10 伏电压。两个氢同位素聚变，你会得到 1670 万伏电压。一浴缸水中的氢聚变所产生的能量，需要燃烧 40 节火车车厢的煤才能等价。所以，只需要少量的海水就能提供这个星球上每个人所需的能量，多到 5 万年之后都用不完。唯一的副产品也是无害的非放射性的氦气。"

理所当然地，世界上许多大国都看好其前景。例如，包括美国、中国、日本、韩国、俄罗斯和半数欧洲国家在内的二十个国家，耗资数十亿美元，正在法国南部建设一个巨大的核聚变设施。国际热核实验反应堆是有史以来最昂贵的项目。在美国加州著名的劳伦斯·利弗莫尔实验室，另一个核聚变设施正在建设中，它有三个足球场那么大，由大规模的激光器引爆毫米大小的氢燃料球。

然而，到目前为止，还有一个问题，即使有这些庞大、昂贵的设施也解决不了：聚变反应需要的能量比输出的还多。今天的聚变反应堆产生的是净能量损失，就像是一个不断赔钱的投资。世界上正在运转的最大的聚变反应堆是英国的欧洲联合环，但是即使是该设施，输出也仅能够勉强达到输入能量的三分之二，仍然是亏损的。就像投资100美元只得到65美元的回报。

　　戴尔的想法正是由此而来。他闪现的远见力是这样认为的：我们建造的核聚变设施越来越大，为什么不能让这些设施变小呢？确切地说，为什么不把聚变堆缩小到肉眼都看不到的大小，即纳米聚变（nanofusion）。

　　戴尔并不是唯一一个有这样想法的人，他是少数几个探索纳米聚变这个新兴领域的早期创新者之一。戴尔的模式在概念上类似于劳伦斯·利弗莫尔实验室的反应器。只不过它不是对玻璃小球发射长波激光，它的反应堆会从一个分子中发射一束被称为纳米管的纳米激光，射向包裹在另一种类型的碳分子（被称为巴基球）里面的氢同位素。这种材料纯度和密度较高。它还能产生正的净收益率，输出的能量比输入的能量更多。有可能像戴尔说的，要多得多。

　　试想一下，这样的技术将会对世界产生怎样的影响。将它用于实践生产，世上就不会再有能源危机了。石油生产国将和其他任何国家一样，他们仍然会生产石油，但不再供应大部分的能源了。我们将有足够的能源来推动全球经济的发展，并且可以想象，从此不再产生任何温室气体或放射性废物。

　　"很多聚变领域的研究人员甚至不希望听到这个想法。"戴尔说，"首先，他们认为我们是疯了，但他们觉得我的其他发明也很疯狂。"在他的"发明"中，包括个人数字助理（PDA）、矩阵控制液晶和等离子电视等事物，戴尔对远见力的敏锐感觉发挥了关键作用。

　　"在科学界大多数人认为实际运用聚变技术要等到五十年甚至

一百年以后，"戴尔补充说，"我们并不认为需要等待那么长时间。"

"实现这一激进的想法还存在不小的技术壁垒。一方面，纳米聚变领域的开拓者需要发明一个切实可行的以纳米为基础的超导体。这是一个巨大的挑战。"戴尔说。那么，他认为需要多久能够克服各种挑战，建立这种技术的工作模型呢？"我觉得要十到十五年，也许更短。"这本书不是来介绍纳米聚变的，也不是来预测纳米聚变将有助于解决能源危机。本书要说的是给予戴尔想法的东西。那是什么？一种预感？一种直觉？还是一种感觉？都不是，它远比这些更强大，它就是闪现的远见力。

戴尔的洞察力是典型的灵光闪现，应当归类到人类传奇之中。像牛顿被树上掉下的苹果砸中，发现万有引力；凯库勒梦到蛇，发现苯环，奠定了有机化学的基础。我们认为这些闪现的洞察力，是天才的标志，因为这种灵感顿悟无法用逻辑解释。然而戴尔的直观飞跃实际上是由一个简单的原则触发的。

在我们拉开帷幕，揭示到底是什么原理之前，让我们再来看一个例子，它源自能量方程迥异的一面。

早在 2006 年，我恰好在国际保险承销商会议上做发言。许多石油高管描述了墨西哥湾上一个飓风季的受灾范围。

这片 800 英里的盆地目前正供应着美国三分之一的国内成品油和一季度的天然气。它也是地球上飓风频发的地区，使得环保采油更具挑战性。

和大多数人一样，这些高管担心成本上升，特别是大规模上升。海上石油平台是世界上最大的移动结构。有一个叫雷马（Thunder Horse）的钻井平台，身形巨大正如其名，耗资 50 亿美元建在墨西哥湾。还有一个叫马尔斯（Mars）的钻井平台，重达千吨，数千人住在这里。这些设施被称为漂流旅馆（flotel），是栖息在海洋表面的微型城市。

这些海上建筑在设计的时候依据的是可以使用百年的标准。也就是说，它可以抵御百年一遇的强大飓风。不幸的是，百年一遇的飓风最近已经发生了很多次。2004 年的秋天，飓风伊万袭击了墨西哥湾，产生了有史以来最高的波浪。在接下来的六个月中，七个平台发生险情而瘫痪。伊万被评为 2500 年才有一次的飓风。

一年后，卡特里娜飓风来袭。墨西哥湾大约有 800 个载人的美资石油平台，从业人员超过 5 万人，大部分生产集中在二十几个平台，每一个平台的建造成本至少在十亿到二十亿美元。卡特里娜飓风摧毁或淹没了 50 个平台，导致 95% 的产能关闭。

发言人解释说，工程师们现在面临的挑战，是如何重新设计这些数十亿美元的石油平台，使它们的飓风防御能力提高 25 倍以上。

"这还不是最糟糕的，"坐在我旁边的一位男士低声说道，他是一家石油公司的高管，"尽管情况很糟糕，飓风可能不是我们面临的最大问题。虽然还没有发生，但我们必须为恐怖袭击做准备。如何准备？目前的情况下要保护我们的工作人员已经够难了，而要在茫茫大海之中达到高级别的安全何其困难？"

这是一个棘手的问题，尽管现阶段还没有人提出这个问题，它却已经存在于每个人的心中。接下来的发言人应该以某种方式解决这个问题。而下一个发言人竟然是我：我正要给这一事件作主题演讲。

作为一个技术预报员和策略师，我追踪科学创新和技术已经超过二十五年，并且基于技术发展趋势，帮助全球的企业及其他组织提供面向未来的创新和生产战略。

我走上讲台，望着在座的听众说："我们已经清楚地认识到了一个问题。下面我们来讲讲该如何解决它，我们可以不将钻井平台建在水面，而是把它们建在海底。"

从他们的脸上我可以看出，他们都认为这是不可能的。但也不能责怪他们，这听起来像是科幻小说，在十年前更是天方夜谭。但技术让我们能够把不可能变成可能。我们已经利用机器人在外太空维修复杂设备、对人体进行精确的外科手术。事实上，我们已经在使用机器人进行海底勘探、维修设备和进行其他任务。我们当然可以使用机器人来完成海底采油的各项任务，这比我们现在的做法更高效、更安全，也更环保。

我很快为这些人勾勒出了基本的计划。

"我们把平台建在水面上，连接到海底，就像我们现在所做的。只是我们设计平台结构时让钻井设备可以脱离和移动，就像火箭飞行器的一部分，将平台留下。一旦钻孔完成后，我们就离开钻井，淹没平台，让它下降到海底。所有的人都跟随电钻继续前进，前往下一个钻孔位置或端口。留下机器人进行操作，维护平台在海底执行所有必要的任务。

"当然，开始的时候选在较浅的地方实现这一计划比较可行。在奔跑之前，先学会走路。一旦我们完善了这一过程，就能将它移动到较深的水域。如果我们需要比这更深的深水作业，就再移动到更深的水域。

"目前，大多数石油钻井平台上的工作人员，纯粹是为了支持少数在钻井船上做实际工作的人。他们远离家人，旷日持久，在恶劣的环境中工作。多年来，数百人在海洋钻井平台灾难中失去生命。为维护这些漂流旅馆，经济和人力上的成本投入是惊人的。用机器人来完成这些任务，几乎无需人手，这意味着大大降低经济成本和人员伤亡的风险。

"并且这种方法更环保。

"在卡特里娜飓风中，我们损失了八九百万加仑的石油，几乎等同于埃克森公司在瓦尔迪兹灾难中的损失。在海湾遭受的所有灾难性破坏中，最脆弱的一块仍然是精心建造的水下管道网络。2004年有约33000英里水下管道因飓风伊万受损，造成了大量水下漏油。以我们现在的状况，要有效地修复这些管道网络非常困难又相当昂贵。但一旦我们投资于先进的机器人和水下电子设备来修复水下设施，这将进一步扩大我们的活动范围，使我们拥有更安全的管道网络。"

四年后，当墨西哥湾发生另一场灾难时，这个想法有了全新的意义。这场灾难不是由飓风或恐怖活动造成的，而是由于人类最致命的敌人——疏忽。2010年4月20日，油井井喷造成了"深水地平线"石油钻井平台的爆炸。大火失去了控制，两天后平台沉入海底，伴着纠缠的电缆、破裂的管道和折断的阀门。此次石油泄漏比埃克森公司在瓦尔迪兹的那一次更严重。

突然间，运营商和平台设计师们争先恐后地拿出技术解决方案，来处理发生在近一英里深处的水下灾难。这是一个经典又悲剧的事后诸葛亮式的案例：被迫的反应，采取事后行动补救一场危机，而不是利用先见之明从容应对。

调查后发现，该钻井平台的运营商英国石油公司（BP）在深水地平线操作上偷工减料。此外，联邦政府此前还发出豁免，允许BP不必执行通常的环境影响研究。因为，按BP的说法，"灾难性的井喷是不可能发生的"。但是，没有什么是不可能的。显然，这件事告诉我们，对成本的削减是一系列灾难性错误的开端。让我们一起再来仔细看看灾难。

灾难性的爆炸和"深水地平线"的火灾只可能发生在水面之上，而不是海底。事实上，绝大多数引发漏油的问题都发生在海洋表面。

想象一下如果"深水地平线"能在海底工作。这样，爆炸和爆炸造成的管道破损将不太可能发生。如果我们在遏制和清理溢油技术，以及机器人水下应用方面（例如，机器人已经应用于手术和太空宇宙飞船的修理中），已经付出了巨大的努力、投入了大量的资源，那么即使发生了这样的事故，我们也能够调动必要的技术，在几天内遏制泄漏、降低损害，而不是拖到几个月之后。

虽然我的预测不一定代表未来的石油抽取技术，但可以肯定的是它暗示了一些有趣的可能性。现在才防止"深水地平线"的灾难虽然为时已晚，但闪现的远见力已开始显现威力。一些业内人士开始对这一概念进行认真思考。在可预见的将来，我们将看到一种更安全、更经济、更环保的采油方式。

你能猜到戴尔·摩根的纳米聚变和海底石油钻机，都运用了远见力的哪一条原则吗？反其道而行。当所有人都在研究核聚变，重点建设几个足球场那么大的反应堆时，戴尔和他的同事们逆向思考，设计了针尖大的载体。

常规设计的石油钻井平台在海面上。我们的解决办法是反其道而行，将其放置在海底。

反其道而行能够成功的原因很简单：当你看向与其他人相反的方向，其他人就看不到你所看到的东西了。这一原则开辟了潜在的机会，发现了被忽视的资源和可能性，像一个火花，点燃了闪现的远见力。练习反其道而行的原则，可以让你看到曾经看不到的东西和被人们认为不可能发生的事。

在我的公司，我们跟踪科技的最新发展，包括激光、机器人技术、遗传学、光纤等。我们期待这些技术在全球范围内能够长足发展，并且花了四分之一个世纪持续对它们关注。我花了大部分时间寻找可见的未来，注意到：你看的越多，你看到的也越多。问题是，你往哪里看？反其道而行的力量在于它让你看到其他人忽视的地方。坚持下去，你就会开始看到其他人看不到的，它将给你创新的能力。

下面是不同领域的一些反其道而行的成功案例，不论其创造者是有意识地还是无意地运用了它。如果你不明白为什么这些是反其道而行的例子，不要担心，我们会在第 5 章一个一个地重新审视它们。

· 亚马逊

· 卡骆驰

- 戴尔电脑
- 捷蓝航空和西南航空
- KIVA
- Netflix 公司
- 星巴克
- 大众汽车
- Zappos

著名的投资人沃伦·巴菲特（Warren Buffett）解释过他成功投资的神秘诀窍，只有短短一句话："别人恐惧时你要贪婪，别人贪婪时你要恐惧。"这其实是一个漂亮简单的反其道而行的例子，这个原则已经为他赢得了数十亿美元。

那么，是不是真的那么简单呢？只要做了与别人相反的事，你就能解决这个问题吗？当然不是。但它几乎就是这么简单。反其道而行只是远见力的一个触发器。二十五年来，我一直在研究和系统地应用闪现的远见力，我已经发现了它的七个触发器。

1. 从确定性开始（使用硬趋势预测将会发生什么）。
2. 洞察先机（基于你所知的未来，确定策略）。
3. 变革（利用技术驱动型变革发挥你的优势）。
4. 跳出你面临的问题（这并非真正的问题）。
5. 反其道而行（看向没有人关注的方向，做没有人做过的事）。
6. 重新定义和再创造（用强有力的新方式识别并利用你的独特性）。
7. 主导未来（否则别人就会指给你一个未来）。

不是每一次闪现的远见力都用到所有这些触发器，但大多数人会至少用过其中的几个。你可以把它看作类似音乐的七个音符，并非所有的旋律都会用到所有的七个音符。但如果你想知道如何写音乐，你最好知道这七个音符，因为你早晚会需要它们。

如果你定格并检查戴尔·摩根的思维过程，会找到很多引发远见力的触发点。这同样适用于石油钻井平台的概念。事实上，我们跟踪了好几个这样的例子。当然，戴尔是一名发明家，我只是一名技术预测员。但如果你使用了我们的做法，你也可以在生活中轻松使用相同的原则。

如前所述，二十五年来，我的公司一直在跟踪各个领域的尖端创新技术。我们熟悉石油钻井的详情（雪佛龙、埃克森美孚、壳牌都在我们的客户名册上），对机器人和其他技术问题也有研究。因此，石油钻井平台的例子开始于远见力的第一个触发器"从确定性开始"。

由于熟知技术发展趋势，我知道什么技术能实现、什么技术不能实现、技术是如何变化的，以及最重要的，技术未来的可能性。也就是说，达到第二个触发器"洞察先机"。因为我知道未来几年将出现超常规跨越式的技术，这让我能够以全新的、看似不可能的方式做事，而不仅仅是改进人们正在做的事。这就是第三个触发器"变革"。

石油钻井平台的例子中，人们认为最大的问题是"如何保护水面钻机"。这时我们决定完全跳过它，而不是试图去解决这个问题。用的就是第四个触发器"跳过你面临的问题"，让钻机离开水面。那么，把它们放在哪里呢？通过第五个触发器"反其道而行"，可以把钻机放到海底。

我们该怎么做呢？通过使用第六个触发器"重新定义和再创造"。对前列腺手术和 EVA（太空舱外活动）航天维修技术进行重新定义，彻底重塑海洋石油抽取的过程。

就像这样，在这个快速思维的过程中，只用了六个远见力触发器。当我们重新回顾全过程时，它看起来非常有条理、非常连贯。而且就发生在我准备演讲的那一会，真正的远见力来得更直观、更迅猛。其实，这是一个实践问题。

使用远见力的触发器就像走路。当你将走路的过程分解，会相当复杂：将重心转移到脚趾，然后从左边转移到右边，摆动你的双臂。如果还要考虑每一块肌肉该怎么运动，你会不堪重负。所以，婴儿开始学步的时候都很难。然而，今天你却能不假思索大步向前走。

远见力也是这样。开始的时候，你要有意识地锻炼全部七个心理过程，一次一个，慢速仔细。随着时间的推移，它会变得更自然，并最终流畅运用，几乎毫不费力。

有时候，闪现的远见力是关于如何使用一项惊人的新技术，就像石油钻机。但很多时候，它又并不是关于技术的，而仅仅是让你以不同的方式看待事物。

几年前，我有一个年轻的朋友在芝加哥地区开了一间全新的儿童牙科诊所。就在诊所开张不久，我们共进午餐。她对开设新的诊所很激动。我问她近来如何。

"不如我想的那样好。"她承认。她的客户很好，但是这些新患者并没有如她所想的那样，为她带来更多的客户。她希望诊所被口耳相传，但这种情况并没有发生。她想请我帮忙看看，有什么我可能注意到的地方？我们在午餐后径直前往她的办公室。我花了五到十分钟四下查看，然后让她回到门口与我会合。

"这是孩子们的诊所，对吗？"我说，"所以，让我们先来从一个孩子的角度来看它。"

这一次，我们蹲下来，重新进入候诊室，环顾四周。"你看到了什么？"我问我的朋友。

她看了看我，一脸吃惊："什么也没看到！"

这是实话。房间里所有物件都在成人视线水平以上。接待员是一个笑容甜蜜而友善的人，但是因为她坐在大办公桌后面，如果一个孩子进到诊所，根本看不到她的脸。

15

"首先，"我建议道，"是不是可以降低前台的高度，这样接待员就可以和病人眼神接触了？接下来，我们的听觉感受如何？当你第一次进入房间，听到了什么样的声音？"

我们都仔细听了听。听起来像是有恶人在隔壁房间折磨老鼠，这可不是孩子来看牙医时想听到的声音。我建议放一些每秒一拍的音乐，它能唤起心跳的感觉。这将起到平静和舒缓的作用，同时还能掩盖钻子和其他设备的噪音。在治疗室中使用点消音材料是不会有任何害处的。

然后我问我的朋友："你闻到什么味道了吗？"

几乎就在我说话的同时，她皱起了鼻子。坦白地说，是医生办公室的气味。当孩子走入那道门，他就会想起打针，他一定不喜欢这种气味。

我的朋友看着我。"我们需要改变这种状况，不是吗？"她说。

"肯定要的。"我赞同道。

我朋友面临的问题是，她的思维就像一个牙医，而不是一个孩子。这是思维角度的问题。同时，也是使用反其道而行这一触发器的例子：不应该像一个长大了的、身材高大的成人一样思考，而应该像一个幼小的孩子那样思考。

后来，我再次参观她的办公室时，诊所的面貌焕然一新。事实上，她将每一个我们发现的想法都付诸了实践。她的做法让诊所的客人源源不断。

远见力是你转变视角，愿意弯下腰和膝盖，从一个全新的角度来看待事物，看到并掌握目前及未来的趋势。它告诉你如何通过看到可能性，转变不可能。

你可能并不关心如何保护石油钻井平台不受飓风侵袭，你也不需要去解决能源危机。你有你自己的生活，有自己需要面对的挑战。就像我的儿科牙医朋友，也许你也想让自己生意兴隆，想保持公司在市场上的有利地位，或在好工作稀缺的情况下，进一步推进你的职业生涯。你面临的问题可能比保护一个石油钻井平台不受飓风侵袭更平常一些。但面对这些问题，你可能会觉得同样紧迫，同样是不可能完成的任务。也许你面临的问题是时间紧缺或财务危机，或是消失的市场、不可能完成的工作量、无法解决的情况。不管是什么，眼前就有一个很棒的解决方案，我们需要做的就是使之可见。

在过去，闪现的远见力是有用的，但不是必要的。改变是慢慢发生的，没有远见力也无妨。而今天，随着技术变革的步伐加速，甚至以我们几乎无法理解的速度变化，远见力必不可少。

在过去很长一段时间里，只有一小部分牧师、抄写员和会计知道如何阅读。也有那么一段时间里，只有少数人开过车，觉得开车重要的人更少。曾经还有一段时间里，只有少数学术研究人员和军事战略家知道互联网是什么，知道如何使用它。

截至目前，只有少数人知道如何使用闪现的远见力。现在，是让每个人都知道什么是远见力的时候了。

Chapter

1

从确定性开始

1986 年 3 月 10 日，我应邀造访一家位于堪萨斯市郊的工厂，厂房大而宽敞。我走进展示厅，站在麦克风前，清了清嗓子。放眼望去，坐席上数千名员工安静地等我作报告。事实上，他们并不高兴，甚至有些恼怒。

福爵咖啡公司（Foigers Coffee Company）发生了一起劳资纠纷，谈判陷入僵局。这家工厂经营了七十五年，这是首次全厂停工召开大会。

几周前，这家公司一名主管听了我的演讲，会后邀请我去给他们厂的员工讲话，因为他们和员工在劳动合同上有矛盾。我向他表示，我是个预测未来的专家，不是调解员，处理劳资纠纷不属于我的专业范围。他说他很清楚这一点，但我在演讲中谈到了"从确定性开始"原则，他觉得这一原则有助于打破僵局。不论如何，他希望我务必试试。

于是，这一重要时刻到来了。我舔了舔嘴唇，麦克风发出了响声。

"我叫丹尼尔·伯勒斯，你们的老板请我给大家讲讲话。事先声明，他们已经付了我钱，所以，既然我来了，我就要畅所欲言。"

人群中传来一阵紧张的笑声。

我接着说道："在开始之前，我们可以达成一些共识。首先，大家都想保住饭碗对吗？"

几十个员工严肃地点了点头。我在白板的第一项"保住工作"边打了个钩。这个清单是我当天早晨列好的，上面写着许多双方可以达成的共识。

"大家都不想全家搬到另一个城市，对不对？"

　　这次有几百人点头，一些人还喊着"那当然！""不然怎样！"我又在"留在堪萨斯城"上画了一笔。

　　"我看看还有什么……大家都不想看到公司倒闭，对不对？"

　　这样问了一阵子，最后达成 40 项共识。我大声逐一念出，看了看聚集在大厅里的员工，再看了看坐在一旁的管理层，说道："你们已有 40 项共识，在我看来，你们唯一需要解决的是如何将这些共识付诸实践。"

　　神奇的是，他们做到了。工人们不再抱怨福爵咖啡公司的管理层，工厂也恢复了生产。

　　在这个工厂发生了什么？我的话没有带去新的信息，只是通过提问，让大家看到了原本就存在的事实。但这足以让双方打破僵局，重订合约，恢复生产。福爵公司的员工已经具备解决问题的所有条件。问题是，他们之前只关注分歧，把共识放在一旁。

　　国家、夫妻之间也会出现类似问题，每个人都会犯这样的错误。我们很容易关注负面的东西：解决不了的问题、无法取得共识的争议点、不确定的事物。如果我们只关注这些，就无法达成任何共识。

　　同样的道理也能用于未来。各位是否觉得，人生在世，充满了不确定性？甚至，现在比过去更加充满了不确定性，世界瞬息万变，无从知道我们将面临什么？

　　其实不然。不论上述感觉多么强烈，现实并非如此。事实上，今天我们比以往任何时候都更了解未来。我们对未来的了解远高出自己所想，只需知道往何处看。如同福爵公司抗议的员工一样，我们常被世事难料所吓倒。但愈关注不确定性、不为人所知的事物，就愈无法采取有效行动。

　　美国汽车产业就是一例。2004 年秋，我参加美国大众运输协会的晚宴，有机会坐在通用汽车（GM）董事长兼 CEO 瓦格纳（Rick Wagoner）旁边。

晚宴上，社交气氛渐浓，大家开始相互攀谈。瓦格纳和我们谈到汽车业的未来与美国经济，所言类似我所听到的各国元首和企业领袖讲过的话。

我们其实不知道……我们可以做出最好的假设，但谁又能猜到未来怎么发展？……其实很难讲，不管收集了多少数据进行预测，但未来根本无法预测。

如果他所言属实，未来肯定是风声鹤唳、危机四伏；如果他所言属实，人类生存状态将暗淡无光；如果他所言属实，写这本书也就没有任何意义。

所幸事实并非如此，未来可以被预测。但瓦格纳的不确定性观点却又是可以理解的。只要看看通用汽车、美国汽车产业，以及美国当前的处境，就能看出端倪。

20 世纪初，美国的发展潜力傲视全球，美国汽车产业的前景无可比拟。汽车展现了美国最精湛的创意发明，在其出现后一百年的时间里，永远地改变了我们的生活与思维、购物与恋爱的过程、发动战争与散布和平的方式。1953 年，20 世纪的中叶，通用汽车总裁所宣称的"适合通用的，就适合美国"曾引起广泛响应。而后来又引申出的"通用走到哪，美国跟着走到哪"，更是成为美国家喻户晓的口号。

但通用的经营走向了何方？就在我和瓦格纳共进晚餐时，进展并不顺利。几十年来，通用汽车一直是全球汽车制造业最大的企业。原本叱咤风云，如今却亏损几十亿美元，关闭了几十家工厂，解雇员工多达几万人，情况还可能恶化。2007 年第一季度，通用把全球最大汽车商的宝座拱手让给丰田汽车，七十五年来第一次败北。2009 年夏，瓦格纳与几百名主管被迫离职，而通用在政府以天文数字金额出手救援下，正拼命走出破产的鬼门关。通用也从曾经的全球最大企业，成为史上最大的失败案例。

美国汽车企业以卓越的远见力发展起来。但汽车产业后来却变成了守卫等级制度这一人类天性的牺牲品。美国汽车产业停止了对未来的预测，也不再问："我们知道哪些是确定的？"

"通用走到哪，美国跟着走到哪。"美国汽车企业将走向何方？美国又将走向何方呢？瓦格纳在 2004 年曾说过："其实，我们根本不知道。"但是，我们其实是知道的。至少，我们知道的比我们觉察到的更多。

在演讲中，我经常说："如果你能正确预测未来，这不是很棒吗？"然而不出意外，听众总是会大笑。可能因为他们内心明白，每当有人要预测未来，很大程度上都会出错。你见过"知名灵媒中彩票"的新闻吗？但听众也可能只是开心一笑，因为他们知道如果能够预测未来，那就太好了。想象一下，如果你能正确预测未来，会多有优势！这本书的目的就在于此。

我常在讲话中提到的另一个重点是："你可以精确地预测未来。你要做的就是把可能猜错的部分删去。"

这一点也常引人发笑，但我是认真的。惊喜的是，当你删去可能猜错的部分，剩下的正确部分足以起到很大作用。问题是，你如何分辨二者？这就要拥有远见力的七大方法的第一招，也是本章重点。

周期变化

所罗门王在《传道书》中写道："虚空的虚空。凡事都是虚空。"这句话与古希腊思想家赫拉克利特"万物流转"的教诲一致。老子也在《道德经》中有言："道可道，非常道。名可名，非常名。"天地间唯一不变的就是变。

世间唯一不变的就是变。这似乎是正确的，世界永恒不变的就是所有的事物都处在不断流动的状态。这造成了不小的困扰——我们寻求确定性，但世界上没有多少是确定的，对不对？

事实上我们需要的总能设法得到，因为万事万物的变化皆有规律，如同钟表上了发条就会走。

我们可以通过两种显著的变化来找出确定性，第一种是周期性变化。

周期性变化告诉我们许多种不同的确定性。现在北半球是秋天，我可以信心满满地预测六个月内，春天就会到来。大自然充满周期变化：四季更替、天气变化、作物生长、动物迁徙、潮涨潮落等。人类早期文明就是在这些周期中诞生的。人类文明史在某种程度上，就是人类掌握周期变化规律并用以增大生存概率的历史。

经济和政治也有周期，经济时而繁荣时而低迷，政治时而激进时而保守。莎士比亚说："世间事，也有涨潮时节，及时把握，终可功成名就。"这股变化之潮在生活各个方面涌现。物价涨跌、利率起伏、政党轮替。在追求专政带来的显而易见的安全后，人们又向往自由主义带来的个人自由。社会标准由开放到保守又到开放。就像钟摆摆到了某个极点就会往相反方向摆动。

政治、经济、社会以及人类生活的各种表现中，会有潮涨潮落。社会仿佛有个巨大的心脏，随着人们的心态时收时张，心态此时是进步、合群的，彼时又是保守和保护主义的。心态周期也在时尚、政治，甚至是国际关系和个人关系中有所反映。人类已找出 300 个显著的周期，可以在某种程度上精确地预测未来。

周期变化的例子

耕种和收割

生与死

日与夜

潮汐和月相

季节更替

动物迁徙

股票价格

经济衰退

建筑和房地产

季节性销售

利率

　　巴菲特的投资无往不利，最重要的原因是洞悉了周期变化之道。他是掌握潮流的大师。前言中提到巴菲特著名的投资哲学："在别人贪婪时要恐惧，在别人恐惧时要贪婪。"既是反其道而行原则的恰当案例，也是掌握周期变化的经典案例。巴菲特的名言简洁明了地阐释了"从确定性开始"的准则。如果市场萎缩，我们可以知道什么呢？无非是市场很快又会扩张。如果市场迅速扩张，确定性准则又告诉我们：准备迎接市场萎缩吧。

　　2008 年，美国陷入 20 世纪 30 年代大萧条以来最严重的经济危机。在高度发展的后现代世界，为何这样的经济危机还会发生？因为我们忽略了周期性变化这一基本规律。房地产市场会永远高速扩张吗？房价会一直上涨，某些地区甚至一年翻番，永远不会回落吗？基于人们的行为判断，我们真的这么认为。

　　我们当然知道房价不会永远上涨，小学生也知道"物极必反"。但我们沉溺于当前，沉溺于上涨的可能性和经济的繁荣，我们误以为市场会持续上扬，不会出现周期性调整。我们落在了不确定性的泥淖之中，忘记了应从确定性开始。

　　你可能会想：你说得对，但有谁能预测房市何时崩溃呢？

　　实际上，有人做到了。著有《非理性繁荣》（*Irrational Exuberance*）

和《终结次贷危机》（*The Subprime Solution*）的耶鲁大学经济学教授席勒（Robert J. Shiller），2005 年接受电台访问时指出，美国房价"与经济基本面脱节"，已经出现"泡沫化"，不久将破灭。他补充说："唯一的问题是在什么时间点。"

其实，不用成为经济学教授，也能看到这一点，你只要细心观察。导致金融恶化的元凶是次级房贷，其中大多数属于五年或七年后开始大幅调升利率的可调利率抵押贷款。房市在 2000 年开始上扬，到了 2002 年、2003 年大幅增长。如果你在这两年买房，加个五年，就来到房市反转的 2007 年和 2008 年。由于屋主开始缴不出房贷，纷纷抛售房屋，导致原本下跌的房价加速恶化。七年期可调利率抵押贷款在 2009 年和 2010 年重新调整利率，使得房屋止赎潮更加严重。这当然不是促成金融危机的唯一因素，却能充分揭示，周期变化能预测未来。

老实说，很多人也隐约感觉到房价即将大跌，却抱有幻想。然而，空想不是解决问题的策略，掌握确定性才是良策。

相同的情形也曾发生——1998 年至 2000 年期间，高科技产生了泡沫。2000 年 3 月，纳斯达克指数创下历史新高，聪明的投资人遵守巴菲特名言，出清手中的科技股，态度转为保守。同样道理，股市在 2008 年崩盘时，大多数股民惊慌失措，纷纷抛售所持股票证券，聪明的投资人却悄悄买进重挫的金融股。为什么？因为他们知道股市势必会发生周期变化。这不是猜测，而是确定性。

线性变化

然而，周期性变化并不全面。深谙周期性变化是远见力的一大重点，但并非最关键的要素。想培养敏锐的远见力，需要了解另一种确定性，一种与周期性变化截然不同的变化。这种变化模式是非周期的、渐进的，它不是循环往复，而只往单一方向发展。换言之，有起不一定有落。我称之为线性变化。

年龄是线性变化的。人的年龄只增不减，不论如何保养，也不会返老还童。实际上，人类的衰老具有周期性，当你度过青春期之后，你的孩子也将走过这个阶段，然后是你的孙子。人生的旅程也具有周期性，出生时样样需要人照料，长大后独立自主，老年时体力渐衰，又需要人照料，就像回到婴儿时期。

从绝对意义上来说，年龄本身绝对是线性变化的。孩童会长大成人，但成年人不会返老还童。

往大了说，以社会与国家为例。如前面提到的，民意变化有诸多周期性的变化形态，包括钟摆式的在自由开放的文化与保守反对改革之间摇摆的形态。纵观全球史，也不难发现单向线性变化的大趋势。尽管有地区性的进步和倒退，但越来越多的人享受更多的自由这一趋势不变。这并非周期性变化。尽管道路上有挫折，但历史上自由前进的步伐从未停止。

线性变化举例

人的衰老

全球人口增长

数据、信息、知识增长

全球识字率增长

专利和新发明数目增长

电脑运算速度加快

功能特色的整合

全球化

周期变化的形式多样：有些急升陡降，如心电图；有些波澜不惊，如四季变化；有些瞬间突变，如脑电波；有些千万年才完成转变，如冰河世纪。无论何种形式，都是周而复始。

　　线性变化同样也有多种形式。从对数曲线的人口爆炸到平缓上升的 CD 销售曲线，然而它们具有相同的特性，即仅向一个方向弯曲，不会像周期变化那样循环往复。以下两个图是这两种变化的例子。

周期变化和线性变化

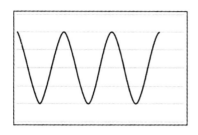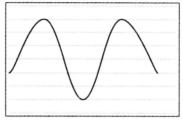

a. 周期变化举例

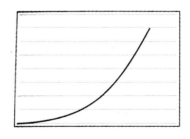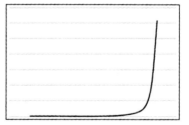

b. 线性变化举例

　　周期性变化的例子如季节、潮汐、股价等，如图 a。更耐人寻味的是图 b，线性变化才是重点，恰恰由于没有起伏可循，它才创造出全新的独一无二的环境与机会。若能掌握线性变化，就能让未来无形变有形。

　　很大程度上，远见力就是要认识线性变化，发现其与周期变化的关系。然而，要做到这点并没有看上去那么容易。有些变化不过是稍纵即逝，从中预测未来毫无线索。有些变化则广泛且深刻，可以一窥未来。如何分辨二者呢？如果没有一套可靠的方法，最后你可能得到奇怪的预测结果，就如同下面的例子。

1977 年 8 月 16 日，摇滚传奇歌手猫王逝世，享年 42 岁。猫王生前唱片销量超过十亿张，巨星风范乐坛少有。虽说没人能与之媲美，模仿他的人倒是不少。猫王在世时，以模仿他为乐的人就已有一百多人；过世后，猫王分身数目更是飙涨，甚至一种全新的行业应运而生。模仿猫王变得有多么流行呢？

猫王死后五年，我做了个趋势分析的练习（其实是心血来潮），把猫王模仿者的增长数据仔细研究了一遍。数据涵盖 1977 年到 1982 年。结果显示，到 2000 年，每三个美国人就有一个会成为专业的猫王模仿者。

仅从冰冷的数字得出的假设似乎合理，但事实并非如此。为什么呢？因为这些数字也许冰冷，但是所暗示的潮流如同这位摇滚巨星挚爱的花生酱和香蕉三明治一样柔软。

当然，没有人真的希望我们都成为猫王的模仿艺人。但是，这个趋势分析提出了一个重要观点：小至个人生活，大至企业与政府决策，我们常常会作出错误的预测，而且信以为真。我们根据正确、真实的数字分析趋势，得出来的结果却不一定准确。

1999 年，美国政府表示，未来十年预算盈余将达一万亿美元。这一预测依据的数据，和猫王模仿者的分析如出一辙，具有同样程度的可靠性。如果如预测所言，我们将会生活在一个不缺钱、到处是猫王模仿者的国度，显然预测错了。

此类错误不仅出现在联邦政府中，在美国 50 个州中，有 47 个州也得出类似预测，认为会有大量预算盈余。州政府当时对房地产税激增习以为常，所以开支也多。这些州政府根据得出的盈余预测，孤注一掷，最后几乎倾家荡产。原因何在？他们预测的趋势看似牢靠，实则不然，这就是犯了"猫王谬误"，到头来只会一败涂地。如果能辨别硬趋势与软趋势，就能化险为夷。

硬趋势与软趋势

我们通常不相信预测，认为预测建立在趋势的基础上，而趋势不为人所信。人们认为趋势就是赶时髦，今天很热门，但会持续多久呢？大家都知道时尚是怎么一回事，来得快去得也快，时准时不准，就像赌博。

但从科学角度上，趋势定义为"某件事发展或改变的大致方向"。我从事研究工作数十年来，有个重大发现，那就是趋势分为两种：一种是软趋势（就像猫王的模仿者与一万亿美元的盈余）；另一种是硬趋势。

硬趋势是基于可测量、可感知、可预测的事实、事物或客体得出的推测；软趋势则是根据似乎看得到、似乎可预测的统计得出的推测。硬趋势绝对会实现，是未来的定数；软趋势是可能会发生的、未来的变数。

明白二者差别，将彻底颠覆我们认识未来的方法，让我们了解未来哪些部分会成真。也让我们了解，必须要从确定性开始，这样才会知道什么是未来的事实，什么是假设的事实。我们之所以不相信趋势，是因为还没有学到如何分辨硬趋势与软趋势。猫王谬误是软趋势，却被当成硬趋势。一旦知道二者的差别，就可以知道到哪去找确定性，未来也将清晰可见。

美国政府在 20 世纪 90 年代末预测的一万亿美元盈余是软趋势，却被当成硬趋势。我们不但预测会有盈余，还疯狂花钱，以为盈余已经到手。1999 年，钱滚滚而来，我们喜出望外，眼盯着软趋势，就像被蛇催眠了的兔子。

　　"硬数字"不见得能得到硬趋势。猫王预测就是从准确的硬数字得到的，但显然没有得到硬趋势，而是软趋势。换句话说，这些数字未来很可能发生变动。决定要模仿猫王纯属个人选择，很有可能隔天就见异思迁。用猫王模仿者的数目增加当作未来预测的基础，并不可靠。就好比最近连下了几天雨，不代表以后一直下雨。今年呼啦圈或洋娃娃的销量是去年的一倍，不代表明年又会增长一倍。这些都是一时流行，很有可能会过时。硬趋势则不一样，有持续巨大的力量支撑。

　　硬趋势与软趋势的差别有时并不明显。在许多人看来，万亿美元盈余的可信度相当高。这就是软趋势的问题所在，有时看起来很荒唐，好比猫王模仿者的预测，有时看上去却像是真的。然而，除非方向清楚明确，否则软趋势就是软趋势，没有百分之百的确定。事情可能会发生和事情一定会发生大不相同。

　　硬趋势有的是周期性的，有的是线性的，这两种类型的变化都能形成硬趋势。例如，今日股市下跌，之后一定会反弹。股市涨跌属周期性变化，这是硬趋势。股市何时触底反弹，高点在哪，不得而知。股市涨跌时间点与幅度是软趋势，受我们行为与选择的影响。可以确定的是，股市涨了跌，跌了涨。硬趋势虽然听起来相当简洁，却非常准确，准到让巴菲特成为大富豪。

　　又如过去几十年，笔记本电脑中的多媒体芯片的处理速度激增，我们从中可以推测出未来的处理速度肯定更快。这是线性变化，也是硬趋势。今后五年中，制造商何时推出突破性的新款芯片不得而知。技术日新月异并非周期变化，这是硬趋势。但哪家企业能研发出新技术，抢先把产品带到市场？我们并不知道，这是软趋势。

　　硬趋势到底是什么样的呢？我们以"二战"后的美国为例。当时，房价低廉，美国人纷纷在郊区买房。通用汽车在那时仍是全球汽车行业的龙头老大。美国军队凯旋归国，数百万家庭团圆，九个月后出现了百分之百可以预测的现象：婴儿潮。出生于 1946 年到 1964 年这十八年间的美国人口，约有 7800 万。同样的婴儿潮也出现在"二战"后的日本、欧洲等发达国家。

人口数据是看得到的、可测量的硬趋势的一大来源。"二战"后婴儿潮是最鲜明、最具代表性的例子。战后婴儿潮是物理现象：数百万人诞生并存活，而且年龄逐渐增长，形成了许多完全可预测的现象。

你可能会说："何必总提婴儿潮，都是老掉牙的例子了。"婴儿潮众所周知，这才最适合用来举例。因为虽然众人皆知，偏偏没人留心。婴儿潮的硬趋势延续了五十多年，奇怪的是，每到了新的人生阶段，还是让社会措手不及。

1945 年，海外士兵纷纷归国，我们原本可以预测社会一定会有重大的变动，但我们却没有。直到 1946 年，婴儿陆续出生，才发现医院数量不够。

即使没有预料到医院的数目，不要重蹈覆辙就好。新生儿五年后才上幼儿园，准备时间应当绰绰有余。殊不知，在新闻频频报道医院短缺问题的五年后，幼儿园也变得不够了。七年之后，初中的数量又不够了；又过了几年，高中的数量还是不够。接下来，又发现大学也不够了。

这一连串现象，有谁能看出来？若能培养找出硬趋势的习惯，谁都能看出来！

我们公司最近为一家知名保险公司提供咨询服务。当我们谈到硬趋势与软趋势、确定性以及人口数据能看出许多硬趋势，一位男士打断说："你说得对，人口数据和婴儿潮，我们都明白。"

我回答道："那正好！我们就略过细节，简短请教各位几个问题。贵公司负责全球业务的保险员共有几位？"他们想都不想就直接回答，而且人数相当可观。

我继续追问："再问各位，他们当中，为公司赚取八成以上营业额的那些人，有多少三年内退休？”

现场鸦雀无声，他们讲不出数字。他们从来没有想过这个问题。

有位主管赶紧用笔记本电脑查资料。他们知道顶尖保险销售有谁，不难找出答案。得到答案后，原本鸦雀无声的他们，震惊得说不出话来，居然高达 60%。

接下来的三年，每 5 名顶尖保险销售中就有 3 名退休，就是说公司将流失有专业技能和经验的老将。主管发现这点后震惊不已。这个重要的数据变得再清晰不过。但之前为何没有发现？因为他们没有留心去发现，没有培养从已知出发的习惯。

大约同时，我正巧也为社会安全局主管提供咨询服务。课程一开始，当初接洽我的人把我介绍给培训部主管，聊到社会安全制度。

在美国，2008 年 1 月 1 日零点一过，婴儿潮一代第一次有人满 62 岁，可以开始领社会福利金。[1] 当年约有 320 万人满 62 岁，大约每小时就有 365 人。现在，社会安全局已有 5000 万份申请；到 2030 年，人数将达 8400 万人。美国联邦医疗保险的受益人数将从 4400 万增至 7900 万。届时，每两个工作人口就必须养一个退休人口。这个比例在 1945 年是 45 比 1。[2]

与保险公司一样，我问他们是否观察过退休员工对局里的影响。“在场有几位三年内就要退休？”现场资深主管有不少举手。大家都很惊讶，没想到大多数资深主管已到退休年龄，局里即将流失这些有专业技能与经验的老将。

我曾听索尼总裁说过：“早知道就好了！”他说的是存储在索尼电脑中的数据，但这里也适用。我们都以为自己知道婴儿潮人口很多都要退休，但我们真的理解了吗？

两个月后，趋势果然应验了：接洽我的人不见了，培训部主管一个月后也走了。婴儿潮的人群加入了退休潮。真要说起来，其实他们没有离开社会安全局系统，只是现在成了福利金受益人。

猫王谬误阴魂不散

婴儿潮的相关讨论与报道不胜枚举，但我们还是没有料到其后续影响。7800 万婴儿潮人口，在 50 年代让幼儿园措手不及，在 60 年代让大学措手不及，如今同一批人涌入医疗体系，医疗体系无法招架。再不理会这股趋势，十年后医生、护士绝对不够。同时，美国的退休金计划、联邦医院保险、医疗保健和社会安全局的经费都少得可怜。资金缺口如何填补？

婴儿潮人口对医疗保健的需求日后会大幅增加，光是美国就有近8000 万人，还要加上其他国家的几千万人。这是硬趋势。我们有能力提供医保费用吗？如果有，由谁来提供？又如何提供？这些问题的答案是软趋势。

再强调二者的区别。婴儿潮人口步入老年，医疗需求增加，这是硬趋势，因为人口数据固定。预计医护人员短缺，则是软趋势，因为可以采取行动改变。

再举个例子说明软趋势与硬趋势的差别。十年后，你会老十岁，这是硬趋势，因为老去的现象无法改变。你的身体状况是变好变差，还是维持现状？你我都无从得知，谁也没办法百分之百确定，这是软趋势，因为你能采取行动改变。

谈到健康，还有一点值得注意。医生的诊断，不论多么清楚明白，都绝对不是硬趋势。以下情形屡见不鲜。医生说："很抱歉告诉你，你只能活六个月了。"消息如晴天霹雳，但很多人最后都能推翻医生的诊断，多活几个月甚至好几年。

为什么？答案在于改变。改变饮食、做运动、调整呼吸姿势、调整心态、增强意志力、补充营养或求助民间疗法，都可能改变健康状况，所以身体状况是软趋势。

一言以蔽之，这就是远见力的力量：找出硬趋势，就能看到未来；

找到软趋势，就能打造未来。

最近，住在华盛顿特区的同事跟我说，社区有个邻居把车停在车道，结果被人破坏。过了一天，隔几户的邻居也遭毒手。隔天，他的隔壁邻居又受害了。

我说："我看你的爱车今晚恐怕难保了。"

但这不是硬趋势，而是软趋势。因为我的同事能采取行动，他把车停在车库，因此逃过一劫。

软趋势发生的概率再高，绝非定局，仍有机会加以改变。多年来，大家似乎都已认定，丰田汽车的销量最后一定会超过通用汽车。20 世纪七八十年代，美国车厂的产品品质优势开始输给日本对手，之后就处于苦苦追赶的境地，几十年来一直抓不到硬趋势，印度和中国的崛起是其一，油价上涨是其二。

房价、股价的走势属于周期性变化，但我们常常视之为线性变化，以为价格只涨不跌。奇怪的是，我们也常把线性变化误判为周期性变化。过去几十年，美国三大车厂还在制造大排量的汽车，仿佛廉价石油将持续供应。怎么可能！

其实，如同世界上的许多事物，油价也受到周期性与线性两种变化的影响。关键是如何区分二者。线性变化常常打乱现状，改变未来的发展方向，因此就别具影响力。季节性消费、经济形势、地缘政治及其他周期性变化会导致油价起伏，但威力远不及带动油价上涨的长期硬趋势：新兴国家中产阶级人口暴增，导致全球需求持续增加。沙特阿拉伯、伊拉克、委内瑞拉等产油国都不是油价上涨的主要原因，关键在于中国和印度。各位拿起本书的几秒钟内，中国的汽车产量可能就比其他国家要多。这些新兴的有车一族绝对不会想再骑自行车。

油价每周、每季都会变动，全球经济衰退等现象也会暂时抑制石油的需求与价格。但经济衰退迟早会过去，需求与价格迟早会反弹。从宏观上看，油价始终呈直线上涨的趋势。

如果了解上述持续多年的硬趋势，就绝对能预测汽车市场的发展。汽车将越来越小、越省油、越环保，最后不再完全依赖汽油。只生产耗能大的汽车，而不花精力研发使用替代能源的汽车，一味希望油价下降，实在不合理。然而，美国汽车制造商仍旧斥资数百万美元，想尽办法阻止新的碳排放标准通过，还花几十亿美元在广告和生产投入上，持续生产体积大耗油多的车种。

政府同样盲目，政策上有如只看后视镜开车，竟为汽车制造商提供补助，导致生产这种行将就木的车种仍有利可图。

我与通用汽车总裁瓦格纳在 2004 年的那场晚宴碰面时，通用刚把生产重心从轿车转移到运动车（SUV）。当时，SUV 人气很高，从全球看，需求似乎有持续上涨的趋势。通用改变策略看似明智，实则为猫王谬误所蒙蔽。我相信瓦格纳万万没有想到，五年后他卸下总裁一职后，通用汽车破产重组，出售的悍马业务，正好是旗下最耗油的车种。买方是一家没有汽车生产经验的中国建筑公司。

省油车的需求日益增长，这是硬趋势。通用汽车把市场独霸地位拱手让与丰田，这不是硬趋势，而是因为通用汽车本来能改变却没有做出改变。

"通用走到哪，美国跟着走到哪。"这句话放在过去 50 年或许有道理，但以后就不见得了。因为那是软趋势，不是硬趋势。事情往某方向发展，不一定会持续下去，除非背后有一股可以量化的硬趋势在支撑。事实上，如果少了硬趋势，那么唯一可确定的就是所有的事物都将发生改变。问题在于，改变会发生在哪个方向？

以丰田汽车与现代汽车为例。通用销量不断下降之际，丰田的销量持续增长，夺下全球第一大生产商的头衔十拿九稳。但 2010 年初，丰田的车子出现瑕疵，公司陷入危机，这次是丰田而不是通用的总裁，到美国国会接受质询。这件事很好地诠释了分辨硬趋势与软趋势的好处：从硬趋势可以得知科技将如何发展、如何变化，但软趋势能发现机会。如果丰田夺冠是硬趋势，市场何必有竞争对手？但事实并非如此。科技日新月异是必然的，但谁能采用新技术是软趋势。

拿现代汽车举例再合适不过。多年来，现代汽车一直以其价廉而闻名，业界根本不把它当一回事。2009 年正值经济寒冬，现代汽车灵机一动，推出广告："买一辆现代汽车吧，要是你丢了工作我们保退。"电视广告一出，销量暴增。到了 2010 年，现代汽车更是蓄势待发，想要夺下豪华车市场的领先地位，与宝马、雷克萨斯及奔驰短兵相接。

要预测五年后市场会出现什么车种不难。举例来说，卡车仍然有需求，因为有货物要运。大型房车也有需求，因为全家老小要出门。因此，未来的车种不会都是小车。但市场上肯定会有更多节能环保的车种，因为中国与印度的人口增长是硬趋势，对环境的影响也是硬趋势。上述种种现象，我们都可以确定会发生。但这些车由谁来卖，还是未知数。

不久前，我有机会到密歇根州一家大型房地产企业演讲，与企业的代表们谈到了硬趋势与软趋势的差别。刚解释完硬趋势的定义，有个代表说："我想到一例，底特律的汽车制造商受金融危机重创，当地人纷纷搬离，出走潮十年来都没有中断过。加上现在汽车制造商每况愈下，未来几年离乡背井的人会越来越多。这应该是硬趋势吧？"

错了，这是软趋势，发生概率虽高却并不一定会发生。如果丰田甚至是现代买下通用汽车，结果就难说了。

要打开机会之窗，看见未来，关键在于分辨何者是硬趋势，何者是软趋势。也就是说，不能被猫王谬误所蒙蔽，要懂得找到确定的事物。

硬趋势中的黄金屋

硬趋势的来源很多，人口数据是其中之一，另一种是科技进步，这也是本书重点要讨论的。

1993 年，我受邀到全美书商协会的会上演讲，在场有一万多名书店老板。我在演讲中提道："两三年内，虚拟书店会在网络上运营，这将改变人们的购书方式。实现它的可能是在座的某一位，但更可能是出版业之外的人，可能他没有经营过实体店，但他能以全新的视角看待事物，并拥有远见力。"

在场没人把我的话当一回事。毕竟，当时大家都还不知道互联网的存在。同年 4 月，全球最早的一款可以显示图片的浏览器马赛克（Mosaic）才刚刚推出，而日后第一个真正普及的浏览器网景（Netscape Navigator）在当年年底才问世。我们现在熟知的电子商务，当时根本不存在。

之后的演变，不用说各位也清楚。一年之后，有位 30 多岁的创业家成立一家名为 Cadabra.com 的公司。过了一年，Cadabra 推出网上书店，日后更名为亚马逊。那位创业家就是贝索斯（Jeff Bezos）。四年后，他登上《时代周刊》封面，成为年度风云人物。贝索斯当初看到硬趋势，今日已跻身美国富豪前列。

回到 1993 年，上述事情仍未发生。我看到互联网已经开始发展，加上家用电脑和调制解调器性能越来越高，我才愿意赌上名声，在几千人面前分享我的预测。我能猜对不是靠运气，也和算命扯不上关系，是因为根据硬趋势，未来完全可以预测。

猜中亚马逊并非特例。过去二十五年来，我精准预测到的新科技趋势不下百例，也预测出科技将改变生活。下面的表格里列出了一些我早年的预测，包括它们发布的年份，注意是以演讲、文章、采访和图书的形式公开发布的，而不是后见之明。

发布时间	预测及应验实例
1983 年	20 世纪 90 年代将会发生数字革命。
	1983 年，我们还活在一个模拟技术的世界中，数字技术在商务和教育领域都很罕见。到 20 世纪 90 年代，模拟到数字科技的转变席卷全球，点燃诸多领域的革命，举例来说，有手机、相机和电子邮件。
1983 年	光纤很快会成为宽频数据传输媒介的选择。
	1983 年，光纤还是一种新兴科技，只有少数人对它进行实验性的使用。在 20 世纪 80 年代末，光纤成为全球宽频传输的支柱。到 90 年代后期，创造出了互联网的全球爆发，涉及人类生活的方方面面。
1983 年	到 20 世纪 90 年代中期，每个教室都会配备一台电脑。
	1983 年，只有少数人在使用电脑，并且使用者需要学习编程语言，如 BASIC。到 1995 年，《今日美国》报道说美国每一个教室内至少有一台电脑。
1984 年	到 2000 年我们将确定人类基因排序。
	人类基因组计划于 6 年后的 1990 年开始。2000 年 6 月 26 日，由美国总统比尔·克林顿和英国首相托尼·布莱尔共同宣布了完整的人类基因密码"草稿"。
1984 年	到 1990 年，所有的电脑都将使用图标界面。
	1984 年，苹果公司研发出第一台麦金塔电脑的时候，商务界将它视为无关紧要的玩具。一年后的 1985 年，微软研发出第一代 Windows 操作系统，但市场反应冷淡。第一款取得广泛认可的操作系统是 1990 年发布的 Windows 3.0，6 个月内共售出 200 万份。从此之后，几乎所有的电脑都使用图标界面。
1986 年	到 20 世纪 90 年代后期，从农业到货运的各个领域，我们将使用全球定位系统（GPS）来定位。
	1986 年，全球定位系统（GPS）仅应用于军事。到 90 年代后期，农民已经在使用 GPS 耕地了，货运公司也在使用 GPS 追踪货车。

发布时间	预测及应验实例
1988 年	到 20 世纪 90 年代后期，电子邮件将超过纸质邮件。
	1988 年，只有科学家和技术人员使用电子邮件。到 1998 年，通过互联网发送的电子邮件已经超过邮政服务发送的信件。
1988 年	从 20 世纪 90 年代中期开始，商业将广泛受益于互联网。
	1988 年，使用互联网需要具备电脑编程知识，广泛的商业应用无异于科幻。自 1993 年和 1994 年第一款图形界面网页浏览器发布以后，这道障碍也被摧毁，接下来的几年之内商业团体纷纷开设网站。
1988 年	印度的程序员将比美国还多，到 90 年代末期，一旦他们通过网络连接，将产生一场革命。
	在 1988 年，很少有人会想到印度会比美国有更多的程序员，更少有人会想到这一情形对印度经济的影响和引起的全球服务业革命。
1993 年	两三年内，必有一家成功的网络书店。
	如前文所述，亚马逊于 1994 年成立。
1996 年	2000 年到 2005 年无线网络将得到大力发展。
	1996 年，网景和微软网页浏览器才出现一年时间，几乎所有电脑登录网络都要通过有线连接，且速度很慢。1999 年，苹果引入第一代 Airport（一种 WiFi 转发器），自此无线网络诞生。
1996 年	十年内，人们就能通过智能手机浏览网页。
	1996 年，诺基亚发布诺基亚 9000，它又贵又大，将近有一磅重，但不妨碍它成为最早的掌上电脑手机。到 2006 年，全球每年新增数百万台能够上网的智能手机。
1997 年	21 世纪初，下一代网站构架（XML）将迎来社交网络革命。
	2004 年，Web 2.0 和社交网络广泛普及，用来描述 XML 技术带来的新型网络体验。

发布时间	预测及应验实例
2006 年	2008 年开始可能会发生信用违约，因为大规模投机购房的可调利率抵押贷款（ARMs）将会重置，将会出现止赎潮以及房产贬值。
	2006 年很少有人觉察到那些令美国和整个世界都陷入经济危机的端倪。
2008 年	社交媒体和社交媒体营销将走向移动化，2010 年将在智能手机上标准化。
	2008 年，商业世界刚刚发现社交媒体，很少有人重视它，也很少有人认为它能够实现移动化。

我为什么可以预测到这些趋势？这无关预测也非灵通，单纯是知道如何看趋势，往哪里看，并且要花时间看。我花了很多时间研究科技的硬趋势。

硬趋势让未来更清晰。一旦看到硬趋势的特点，就能开启各式各样的机会之门。

80 年代末期，我有机会与梅约医学中心（Mayo Clinic）的主管合作，我问他们对医院有何展望。他们依据人口与经济趋势分析，看到的未来是：医保补助越来越少，急诊室亏损越来越大，医院财务一片惨淡。

他们援引的根据都是软趋势，人口老龄化虽然是硬趋势，却不足以让梅约医学中心陷入经济困难。我让他们关注一下从未注意过的一些关键硬趋势：家用电脑越来越普及，性能更强，速度更快，还伴随着 CD-ROM 光碟技术的问世。计算机处理能力和存储能力增强是两股硬趋势，零件精细化是另一个硬趋势。因此，大量信息的储存、传播、搜索越来越容易，进而提供了人们获取知识的新工具。

换句话说，全球正快速往知识经济发展。所以，我给他们提了个简单的建议：为何不利用这一硬趋势，把梅约医学中心改头换面，不单靠看病赚钱，也靠销售知识赚钱。

从今天的角度看，我的意见似乎是陈词滥调，但在当时却相当大胆。要知道，在 80 年代末期，CD-ROM 刚推出几年，而微软五年后才推出全球第一套线上百科全书：Encarta。梅约医学中心有远见，愿意采纳我的建议，推出一张家用医疗 CD。家长可以在任何时间观看 CD，当小孩长疹子或发烧时，他们可以决定是该挂急诊、该吃消炎药，还是要到大医院获得治疗，并在几千家医院中选择最专业的医院。

刚开始投入时间和金钱研发时，有些人觉得医院转型很难。很多人会问："谁会想通过家用电脑看病？"

但梅约医学中心的转型策略奏效了，而且相当成功。新产品每套售价 100 美元，第一年就卖出 67 万套，相当于净销售额为 6700 万美元，可算作极有经济头脑的远见。

事实上，除产品获利外，梅约医学中心更将触角延伸到知识产品，打造强有力的品牌形象。它不仅创造了新的价值和利润来源，同时随着互联网的兴起，在全世界享有声誉。

时至今日，浏览梅约医学中心的官网 MayoClinic.com，你就能看到他们的标语："健康生活好工具。""以 2500 名医生与研究人员的专业知识为后盾，让您通过我们的资讯与工具掌握健康人生。"换言之，梅约医学中心转型成功，除了提供医疗服务外，更提供医学知识，让大家随时随地都能学到东西。

再看一个掌握硬趋势而立足商场的例子。这个人就是前面谈到的发明家摩根。

90 年代，商用液晶屏幕的研发工作正如火如荼展开，虽然当时像素的发展水平足以读图，但满足不了商用电视屏的需要。

1989 年前后，摩根灵机一动，心想为何不在每个像素上加个记忆装置。这个记忆装置能提供图像缓冲，控制流向每个像素的信息量。电视画面会比实际播放慢一秒左右，但不会有人注意到差别。

大家都说摩根异想天开，记忆装置价格高昂，如果每个像素都装，电视机成本会飚升到好几万美元，根本行不通。不过摩根并没有放弃。他看到了硬趋势：记忆装置日后将大幅降价。

事实证明，确实如此。经过十五年的沉寂，科技的硬趋势成真，摩根的专利终于派上用场。时至今日，LCD 屏幕的市场占有率已逾 50%，全球每年 LCD 电视出货量超过一亿台，连等离子电视也用到了摩根的矩阵控制技术。如今摩根坐享财富。他知道 LCD 专利总有拨云见日的时候，因为技术的演进是硬趋势。

价值百万美元的远见力

讲到这里，我们不妨也来当个发明家。利用婴儿潮这一必然会发生的规律，预测未来哪些企业能得到发展。我们要创建一家收入百万的企业，从哪里入手？不妨先从我们的家庭开始。

我的母亲 75 岁时曾说过，常在家里走楼梯能保持年轻。她 82 岁高龄过世，如果她多活些时日，势必搬家。她知道这个事实，但她就是不愿搬家。她喜欢住在她熟悉的家里。由于房屋设计的原因，无法装座椅电梯。随着她身体日益虚弱，上下楼梯实在不可能。

这个问题不只家母一人遇到。家住两层楼而不愿搬家的人有数百万，他们很快也会面临行动不便的问题。家母的问题和我们这一代相比，其实是小巫见大巫。如果把婴儿潮的 7800 万人考虑进来，那就是个大问题，然而，问题越大机会也越大。

闪现的远见力告诉我们如何解决这一问题：为这些家庭装上家用电梯。

高档住宅装电梯已有数年，为何不能普及到一般家庭？安装室内家用电梯工程复杂，费用昂贵，也不太实用。那为何不向饭店取经，逆向思维，把电梯装在外面，既便宜又实用，还可以一览社区景观。

价格亲民、重量轻、耐用、只升降一层楼的户外家用电梯有市场吗？当然！婴儿潮上有高堂，所以现在就有需求，到了以后，自己也会用到。

本书的目的在于掌握科技硬趋势从而找出商机。首先，我们还是以婴儿潮人口数据的硬趋势为基础，思考还有没有其他创业机会能够发展出收入百万的企业。

婴儿潮电玩

市面上有许多身临其境的电玩游戏，玩家能置身战争、科幻世界等情境。有没有针对婴儿潮人口设计的电玩，能让他们回到伍德斯托克音乐节、1968 年民主党全国代表大会，以及芝加哥七君子审判的旧时情境中，还能和朋友一起互动？

银发族理财

几十年前，理财专员帮客户赚钱，积累财富，规划如何花钱。时至今日，随着人们寿命增加，理财策略也发生大幅转变。婴儿潮和上一辈人不同，退休后人生还很长。因此，理财的重点从财富的积累转移，变成保值为主。很多银发族的退休生活长达几十年，保值尤其重要。

今日，美国逾八成财富在 50 岁以上人口手中。他们十年后就要退休，或者准备退休，金钱观会越发保守，投资上会选择具有股息收益的股票，领取分红，并维持稳健的投资策略。因为他们知道，如果不保守，赔了钱就没有时间再赚回来。这样的投资心态对股市有影响吗？当然有！算是坏消息吗？如果事前就预料到了，就不是坏消息。如果你有一家金融服务公司，该如何应对这一新兴的市场？

退休养生住宅

传统的养老院概念已经过时。多数婴儿潮人口退休后不会完全空闲下来，而会继续兼职赚钱，往往还从事和以往不同的工作。义工、社会工作、创业或合伙投资都是常见选择。同时，由于医疗条件好，健康意识强，以及抗衰老技术的发展，婴儿潮人口的寿命也会延长。未来对特定生活设施的需求会很庞大。既要具备养老院的医疗资源，又要享有高档住宅的生活方式，社区硬件规划还要适合他们的半退休事业。我们姑且称之为退休养生住宅。

退休养生住宅有何特别之处呢？社区型家庭重心放在园艺、能源自给或其他回归自然的生活方式。建造一栋人人演奏乐器的养生住宅如何？或者，你可以建造美食、艺术文学、戏剧表演或电子科技主题的养生住宅。

还有一点值得玩味。何不为银发族提供速配服务呢？速配不是安排约会，而是室友配对。最近听新闻说，有位老人被指控谋杀，原因居然是她受不了养老院的室友，于是把室友给勒死了。

环保殡仪馆和婴儿潮公墓

婴儿潮人口平均寿命会比上一代长，但生命终会落幕，届时公墓的数目可能不够，重演当初幼儿园、小学或大学的短缺窘境，殡仪馆成为巨大的增长利基。并非每个人都选择土葬，火葬场也会有高度需求。

这不仅是利用土地的问题，也是人生安排问题。21 世纪的环保公墓是什么样的？随着婴儿潮人群走到人生的尾声，后事的安排成为重点，他们希望采取何种服务呢？可否比传统礼仪再进一步，让往生者对后辈的影响力得以延续，对世界有所贡献？知道如何提供服务，婴儿潮的人口就会成为你的客户。

美国汽车生产商

我们再以前瞻的角度来分析，但这次你不是一个创业者，而是美国汽车生产者。你该如何找到硬趋势，避开猫王谬误，带领公司走向清晰可见的未来？

你可能要问，市场在哪里？今天，通用汽车公司在中国的轿车和货车销量比在其他国家都多。如果你代表通用公司，已知道 CEO 瓦格纳在 2004 年所不知道的事：除非大刀阔斧改变旗下车种，否则十年内就会有人超越你在中国市场的销量，最久也只能撑十年。这并不是假设，而是千真万确的事实。

你怎么知道这会发生呢？因为购买汽油的代价越来越高，既扁了荷包，又破坏环境。

中国已有部分地区开始推行新生产汽车的排放标准，标准之严格，比美国最具环保意识的加州超前十年。换句话说，加州对环保车的需求落后中国整整十年。中国长期空气污染严重，已开始大力推动环保政策，反观美国仍不愿面对该问题。美国汽车生产商向来抱怨排放标准过于严苛，要耗费十几亿美元，难以实现。这种心态就像开车只看后视镜。除非美国汽车生产商开始制造符合未来全球需求的车种，否则也很难赚到那十几亿美元。

如果你是美国汽车生产商，你会怎么做？如果能看出未来确定发生的事，你就不会只想着怎么符合环保标准，反而会积极想办法超前。

新兴国家儿童人数目前约有十亿，他们在未来五到八年将进入消费大军的行列。新兴国家目前成人人口就有好几亿，加总起来，未来十年的车辆需求有近十亿辆。这是硬趋势，绝对会发生。由谁生产销售汽车，这是软趋势，没有绝对答案。但事实上，这个答案在我们手中，重点是换种方式提问，问一个我们能确定的问题：市场需要哪种车？

答案是价格亲民的环保车，而且是小车，才能在新兴国家的狭窄街道中畅通无阻。它兼具电动车与多种燃料混合车的优点。为什么呢？因为人类对石油作为首要汽车燃料的依赖会降低，这是硬趋势。因此，这种车与以往完全不同。谁能把这种车卖到非洲、中东、印度、中国与亚洲各国，谁就能发财。

即使目标市场不在新兴国家，照样有人抢占商机。在街道狭窄的印度，塔塔集团（Tata）已经研发了名副其实的迷你车：纳米车（Nano），也已公布要生产混合燃料车，使之成为全球最小、最便宜的混合燃料车。欧美同行要注意了，捷豹（Jaguar）和路虎（Land Rover）现在也归塔塔集团所有。

能否不把创新机会拱手让与新进入者（就像当年传统书商落后于亚马逊），而把公司资源重新聚焦于新车研发，锁定新兴市场，甚至以成为全球最顶尖的汽车制造商为目标？你不用逆潮流而动，只要跟随潮流趋势而为，财源就能滚滚而来，商誉和品牌形象也随之建立。新思维仿佛一针强心剂，不仅对经营困难的汽车产业有帮助，也能提振美国整体产业。

各位会说："但我们的生产成本很大。怎么跟丰田的生产方式竞争呢？"

为何不向戴尔取经？谈到戴尔模式，大家现在都竖起大拇指，当初创办人迈克尔·戴尔（Michael Dell）是人们眼中的傻子，居然把自己的电脑生产外包，让客户在还未见到成品的情况下决定所需款式。先向客户收费再生产，所用零配件则来自具有即时供货能力的供应链。戴尔并不傻，当初的他拥有灵光一现的远见力，并采取了行动。

戴尔电脑日后失去方向，是因为随着规模扩大，公司只想养肥金母鸡，而不再持续创新研发。但不可否认，戴尔的库存最小化、零件及时化、设计个性化的模式不仅当时奏效，放诸今日对各个产业更具参考价值。

福特推出 T 型车之初，创办人亨利·福特（Henry Ford）有句名言："只要它是黑色的，客户要变什么颜色都可以。"福特对科技的贡献在于流水线大批量生产，这其实就是灵光一闪的远见力。然而，百年后的今天，美国汽车生产仍然采用这种方法。也因此，消费者的选择不但有限，还需要花大价钱买其他规格的产品。然而，制造技术日益精进，生产100种不同的产品和生产同一种产品的盈利几乎一样。"我选我味"不再是快餐店的口号，而是对今日消费者心理期望的总结提炼。

同样的道理，汽车也能先下单再依客户需求设计，再将其外包生产，而不必斥资扩充产能。让客户上网选择所需规格自行设计，然后预付定金。拿到款项后，你再开始生产，就不会出现十几亿美元套牢在生产设备上的情况了。

戴尔电脑在中国台湾外包生产，其他如 IBM、苹果等大品牌也如此。但生产厂家在哪里并不重要，它们的品牌规格不会改变。同理，通用汽车也很容易实现境外生产。

提供另一点给大家思考。生产可以外包，为何不能内包？即学习丰田目前的做法，在美国生产。丰田销往美国的车辆多在美国生产，员工也是美国民众。既然如此，有没有可能跟丰田合作，由美国工人制造丰田规格的车辆，贴上你公司的品牌？加上你采用高度定制化的模式，日后势必雇用更多的工程师。个性化的汽车大受欢迎，厂房就需要更多人手，就不会出现下岗潮。

采取上述行动之前，你应该作出彻底改变。不甘于只做美国的汽车生产商，要放眼全世界，生产、人力和销售都要有全球化格局。有没有可能跟塔塔集团成立战略联盟？或者设立印度工厂？如今中国已经认识到传统高污染车种终将淘汰，有志成为第一大混合燃料汽车生产国，为何不成立中国工厂，为中国生产？

随着国际布局加深，何不更进一步，成为环保取向的汽车生产商？改变通用汽车在中国生产，再运回美国销售的模式，而在各国设置生产点，针对当地市场生产，这样就能避免运输过程污染环境，同时又能增加当地就业。

以上只谈到生产，当然还有员工和医疗保险的问题要解决。你必须教育工会，让他们也看到确定的未来，不能故步自封，而要重新培训工会成员，为未来做准备，抛弃铁饭碗的概念，追求终身就业能力。

同时，医疗保险也要重新规划。这两大问题后文会再讨论。作出这些改变，你的公司就上路了。

根据确定性制定出来的策略，风险低，报酬高。掌握清晰可见的硬趋势，看到可以操控的软趋势，采取适当行动，你的事业不仅能全身而退，未来几年甚至还能繁荣发展。

空想无法解决问题，抓住确定性才是良方。

历史会骗人，未来假不了

虽说"前事不忘，后事之师"，但这句话也不全对。亨利·福特有句妙语颇发人深省，他说："历史就是废话。"因为后见之明未必能长智慧。否则人人都有智慧。但人免不了会重蹈覆辙。

伴随后见之明而来的常常不是智慧，而是遗憾。"早知在谷歌股价 100 美元时就买下来了，早知房市走俏时就该把房子给卖了，早发现婚姻有问题就该处理了，早知……"

"早知……"的遗憾大家都体会过，但千金难买早知道。为什么我们常有"早知如此，何必当初"的感觉？答案简单得吓人：因为我们根本没有用心观察。

2008 年，通用汽车财务状况迅速恶化，濒临破产的边缘。CEO 瓦格纳遗憾地表示，当初应该积极开发替代能源汽车，坚持初期电动车原型 EV1 的研发工作。他还说，自己"低估了中国和印度的消费者对石油的需求，这会导致油价持续在 100 美元之上浮动"。[3]

遗憾总是伴随后见之明而来。

2008 年 6 月，通用汽车股东大会在即，瓦格纳也曾说过油价持续飙升，使得美国消费者出现"结构性转变"，倾向省油小车。"消费行为因为高油价而转变，而且转变快速。"他说，"我们觉得不会是短期现象，而是永久的变化。"[4]换句话说，如同我跟他四年前的短暂交谈所提到的："这不是周期变化，而是线性变化，是硬趋势。"

为何要等到 2008 年汽油高达每加仑 4 美元时，他才顿悟呢？不是几年前就能完全预料到的吗？这个问题发人深省，而且各大企业龙头都该扪心自问，因为通用汽车如此，其他几千几百家企业也是如此。美国汽车产业的处境，每位总裁、每位经理、每位员工，乃至每个美国人、全球每个人，都会面临。大家只顾应付现在，哪里有火哪里灭，却忘了展望未来，把握商机。

然而，看清未来的确定性已不再遥不可及。在快速而急剧变化的年代，看清未来的确定性是生存的必要技能。21 世纪面临空前的变数，如果沉溺在"世事无常"的迷思中，受害的是自己，因为这个观点大错特错。

毋庸置疑，世界变迁更胜以往，但在变化的急流中，一定有许多不变的水流，让我们不仅可以预知未来，更能积极地塑造未来。我们只需要知道如何找到确定性。

今天不改变，明天要变就更困难。过去几年的转变虽然让人晕头转向，但好戏在后头，未来的变化将更加突飞猛进。

▶▶▶ 行动准则

我们常常自我设限，把重点放在不知道、做不到的事情上。应该养成从确定性开始的习惯，列出已经知道也能办到的事情。别将自己困在"做不到"的牢笼中。每当遇到不能确定的事，先搁在一边，专注于你能确定的事情。

➤ 检查生活和工作，把属于周期性变化的现象列出来。

➤ 列出影响生活的线性变化。

➤ 检查你所从事的行业，把所有硬趋势列出来，这样就知道有哪些确定会发生。将不确定是否为硬趋势的项目剔除。

➤ 检查你所从事的行业，把所有软趋势列出来，这样就知道有哪些是你能改变或影响的。

➤ 不要被未知数所蒙蔽，自问："我确定的事情有什么？有哪些事物是我确定几周后、几个月后、几年之后一定会发生的？我如何发挥创意，运用这些确定性？"

➤ 建立在确定性之上的商业计划风险小。你的商业计划运用了确定性吗？

➤ 找出一定会发生的与可能会发生的过程，请你公司的同事、合作伙伴甚至客户给予意见。得出结果后，采取行动，共创未来。

➤ 质疑自己的假设。列出清单，检查各个现象是硬趋势还是软趋势，是确定性还是可能性。

Chapter

2

洞察先机

2004 年 12 月 26 日早上，史上最剧烈的地震爆发了。印度洋掀起滔天海啸，席卷多处海滩，15 国遭到重创，约 25 万人死亡。南亚海啸成为有史以来伤亡人数最多的天灾，没人预测到。或者说，预测到的也只有极少数人。

海啸在环太平洋火山带最西侧肆虐，数十万人惨遭灭顶之灾。但是印度尼西亚苏门答腊群岛西岸外海约 160 公里处，锡默卢岛（Simeulue）岛民却及时撤离，幸运地逃过一劫；泰国普吉岛卡马拉湾，来自苏格兰的生物学老师约翰·克罗斯顿（John Chroston）与家人正在度假，逃过一劫；来自英国的 10 岁小学生提莉·史密斯（Tilly Smith）也幸免于难。

克罗斯顿正在水里游泳，突然发现海水有异状，赶紧回到岸边，把妻女叫过来，说服了饭店巴士不要继续往前开，而是将乘客送到高地，沿途看到妇幼也叫他们上车。

往北 24 公里处的麦考海滩（Mai Khao Beach），提莉跟家人正在度假，她也发现同样的异状，急忙告诉爸妈，她爸妈又提醒其他人。因为提莉的警觉，在海啸来临前人们已从海滩撤离，成为少数几个未见伤亡的海滩。

一千多英里外的锡默卢岛，当地人也观察到异常情况，他们立即逃向内陆。岛上 83000 人，只有 1 人丧命。

三个地点，三群人，他们发现了什么别人没有看到的异常情况？他们看到了海水倒退。

海啸发生以前，岸边海水会突然倒退，仿佛在释放出摧毁力量前先深吸一口气，提莉几周前在地理课上刚好学到了这个知识。东南亚许多地方的小孩见到海水倒退，觉得机会难得，跑去捡贝壳。没人制止他们，因为没人知道事态严重。

还有一小群人死里逃生。安达曼群岛坐落于普吉岛外海西北方的孟加拉湾，岛上住有六个原住民部落。灾情最严重的一族位于尼科巴区（Nicobar），该区人民的生活已经现代化，不再采集狩猎，传统文化习俗式微。反观翁吉族（Onge）仍旧尊崇祖先的智慧，深知海陆向来互争地盘的道理。

翁吉族也看到了异状，就和克罗斯顿、提莉、锡默卢岛岛民一样，看到了硬趋势。

海啸可以用来比喻科技转型的威力，冲击排山倒海而来。然而两者存在关键性差异。面临南亚海啸，大家最多只能逃命，但面临源源不绝的技术转型，我们能做的不只是逃命，有了观察力和灵光一现的远见力，我们不仅能保住性命，更能乘风破浪，冲向既有前途也有钱途的未来。

未来只有两种人，一种人看到海水倒退，知道海啸即将发威，另一种人什么也没看到。后者会陷入铺天盖地的乱象，而前者则会发现前所未有的契机。

由内而外主动改变

灵活度是企业近来颇为流行的口号。传统思想这么想：客户需求、市场竞争快速变化，企业要求生存，就要有很高的灵活度。

这在二十年前或许行得通，但现在已经落伍了。回顾 20 世纪八九十年代，市场变化剧烈，灵活反应是合理的生存策略，甚至用于过去十年或许也勉强可行。但时至今日，科技革新的脚步已非快速可形容，即便是及时反应都嫌太晚。当然，反应灵活总比迟钝好，但再灵活，也无法让身陷南亚海啸的人逃过一劫。让克罗斯顿、提莉、安达曼群岛原住民活命的，不是反应灵活，而是洞察先机（anticipation）。

90 年代还流行一个口号：主动（proactive），指的是为生活中的事承担责任，不受外界环境的摆布。这个观念用在当时并无不妥，毕竟主动总比被动好。但进入 21 世纪，光是主动还不够，也不够快，我们要先发制人（preactive）。

根据定义，"主动"指的是"掌控局面、精力充沛、有冲劲、勇敢大胆、有活力"。这些都是领导人的特质，但只适用于过去几十年。主动的人通常会说："不要等，现在就做，立刻采取行动！"但做什么？又怎么知道行动是否正确。主动，解决的是今天的问题，为的是避免问题恶化。但这还不够，我们要预测明天会发生什么问题，然后采取行动，抢先一步解决。也就是先发制人。

主动，是因为反应灵活；先发制人，是因为洞察先机。

从主动反应到先发制人，从被动反应到洞察先机，赋予了"变化"新的含义。我们常觉得变化搅乱一池春水，这是因为要配合外在改变，自身就会受到影响。举例而言，政府通过新法规，企业为了符合法规而必须改变；对手采取降价策略，企业不得不采取应对措施。新科技改变消费者行为、老板改变经营策略、对手开拓海外竞争市场，都让我们疲于奔命，忙于改变。

日常生活亦如此。油价飙涨，我们改变开车习惯；经济萎缩，我们改变花钱习惯，甚至改变工作、住处与生活方式。如果你或你的另一半被裁员，家庭生活就不得不改变。

我在全世界演讲多年，不管听众是老师、护士，还是企业的主管、总裁，我请他们检查日常事项，发现大家都有一个共同的体会，就是他们大部分时间都在处理危机。改变若来自外在环境，我们不得已只好疲于应付，忙于灭火。无奈火冒出的速度只会越来越快，因此灵活度的概念才会这么受重视。然而再怎么灵活，四处躲子弹的生活实在累人，更何况现在子弹射得一颗比一颗快。

生活不只是处理危机，更应该把握契机。

俗话说："有危机才有转机。"但这句俗话不见得对。因为等到危机出现，通常为时已晚，怎么还会有转机。变化的浪潮速度太快，只有预先看到危机，危机才会化为转机。

先发制人，表示把脑筋转成"处处是机会"的模式，预先看到问题，防患于未然。换言之，从内在开始改变，而不再等待外在改变后才反应。

应付外在环境而作出的改变，通常让人疲于奔命；由内在启动的改变，则是有目的、有建设性的。后者是先发制人，是机会管理，有助于个人与企业的成长，让人得以打造自己的未来，把握自己的命运。想要由内在发生改变，唯一的途径就是洞察先机。

我家附近有条铁路穿过，旁边的木头标志上写了三个字，你可能曾经见到过："停、看、听。"

说的真好。随着生活节奏加快，压力越来越大，我们自然而然想赶上变化，但这么做其实行不通。我们不能只想着要加快脚步，而是应该放慢速度，停下来思考。

停：放下手边的问题，下决心固定拨出时间自我训练，成为洞察先机的人。如果你在企业工作，就下定决心把你的企业经营成洞察先机的公司。

一旦你停下来，了解先发制人的重要性，立志培养洞察先机的能力，就可以采取下一步：看。

看：预测一下未来。自问："我会面临什么问题？"有哪些问题今天没有，但未来三个月、六个月后会冒出来？哪些问题一年后、三年后，乃至十年后会出现？这些问题是你要解决的。不要只解决当下的问题。

想要比别人领先一步，除了在今天解决明天的问题以外，别无他法。换句话说，防微杜渐，问题就根本不会产生。

一旦你开始看未来，就可以到下一步：听。

听：倾听直觉告诉你的未来的问题以及可能的解决方案。线索也许在你看向未来的视线之外。随着你越来越懂得预测未来，灵感般的远见力越来越强，就能听到更多线索。假以时日，甚至会达到答案有求必应的境界。

当客户听我谈到先发制人时，他们常说："听起来不错，我们也希望做到，就是没有时间坐下来思考三年以后的问题。现在已经忙得焦头烂额了。"

当然，他们太忙了，每个人都很忙。通用汽车管理层忙了数十载到破产收场。忙救不了他们，也救不了你。人生何时不忙，正因为如此，大家都会觉得未来忙、茫、盲。我们必须自问："为了加快速度，我们愿意放慢脚步吗？"

为此，我给大家介绍一种以静制动的方法：未来标杆学习法（future bench-marking）。

标杆学习是广受企业欢迎的管理技巧。找到你所属领域的领头羊，模仿其最佳实践。但这也有个潜在的问题：企业龙头的最佳实践是现在式，等到学会要加以运用时，早已落伍。计划永远赶不上变化，而在变化加剧的 21 世纪，苦苦追赶只能徒劳无功。

奋起直追没有好处，大步朝前迈才是王道。应该略过当前的最佳实践，以硬趋势和未来的确定性为踏板，找到未来的最佳实践。

假设你是一家制造商，发现丰田"精益生产"是目前最优的生产模式，决定要复制。但这要花上四到五年，这时你已经落后于丰田四到五年，在分秒必争的商场，四到五年就意味着一辈子。该怎么办？

我们不应该只关注丰田目前的模式，而应该自问："从硬趋势看，四到五年后的丰田会怎么做？"接着就能以丰田的未来最佳实践为范本，调整公司运营策略，进而跃居产业龙头，不必一直玩追赶领头人的游戏。

大家或许会想："虽说如此，但要怎么知道丰田等标杆企业五年后的做法？"答案是：学好如何精准看出硬趋势。提莉之所以能预知海啸，是因为她学到了海啸前会有哪些现象。我们要做的就是这点！

科技进步的八大路径

本章一开始提到技术转型的狂潮。但它到底长什么样？规模有多大？变化有多快？

讲到"科技转型"，首先应该探讨背后的驱动力。科技本质上没有转型的动力，毕竟自行车不会自动变成汽车。正确的说法是，在人类知识增长、科技日新月异的硬趋势背后，有人类的创意和巧思为引擎。

举例来说，古文字、早期文艺复兴时期的活字印刷、近几十年的数字技术都是识字率增加的主要原因，足以说明第 1 章提到的线性变化。全球人口从大多数目不识丁，到如今的高识字率，就如民主日益普及一样，并非周期性变化，而是持续上升。

随着知识的不断积累，科技不断进步，人类相互沟通与合作的能力也提高了。知识与沟通相辅相成，带动科技出现几何增长，掀起滔天巨浪。

要清楚勾勒出未来生活蓝图，不妨看看汇聚成巨浪的那几条水流。科技进步的硬趋势有八个路径，每个又自成一股硬趋势。

科技进步的八大路径：

1. 去物质化（dematerialization）

2. 虚拟化（virtualization）

3. 移动化（mobility）

4. 产品智能化（product intelligence）

5. 网络化（networking）

6. 互动化（interactivity）

7. 全球化（globalization）

8. 汇聚化（convergence）

不难想象，这八个路径可以追溯到几百甚至数千年前。以文字为例，最早刻在石头上，然后写在莎草纸上，再写在纸张上，就是去物质化与移动化的例子。网络化源自全球航线的发展，接着又有铁路、电报和电话的推波助澜。这八个路径虽然历史悠久，却一直等到20世纪末期，才成为科技转型的主要动力，无所不在。为它们注入生命的是：电脑。

我在80年代中期分析出这个硬趋势，听过我演讲的每个年代的人的反应都不同。以前，有些人觉得概念模糊难懂，如今已不可同日而语。这八个路径每天都在上演。尽管如此，它们真正的威力和影响范围何其大，我们只不过看到冰山一角。

路径 1：去物质化

1987年，奥利佛·斯通（Oliver Stone）导演的电影《华尔街》（*Wall Street*）上映，由迈克尔·道格拉斯（Michael Douglas）饰演金融大亨高登·盖柯（Gordon Gekko），查理·辛（Charlie Sheen）饰演他的跟班巴德·福克斯（Bud Fox）。有一幕盖柯走在富豪度假圣地汉普顿的沙滩上，一边欣赏日出美景，一边打手机把福克斯叫醒说："老弟，钱是不会睡觉的，金钱万岁。"他拿的手机很酷，想必也很贵。这一幕成为经典，台词也很经典。时隔二十五年再推出续集，片名就叫作《华尔街：金钱永不眠》（*Wall Street: Money Never Sleeps*）。

再回想那一幕，那部手机根本大得跟砖头一样，让人哭笑不得。为什么？因为手机已经经历了去物质化，材料越用越少。在电影续集中，黑金刚已被蓝牙手机取代，耳机小到看不见。

随着科技的日新月异，制造工具所需的材料不断减少，容量和性能却不断提升。电脑就是现代科技的缩影，尽管尺寸不断减小，但速度与存储量却不断提升。就像电话一样，电脑更加轻薄，更加便于携带，更为经济（所用的材料更少），更加环保。在过去，笔记本电脑常常厚达几寸，重两三千克，而今天所需要的材料只有当初的几分之一，性能却要好得多，成本也低得多。

不论你拥有什么，你都能使它变得更小巧，只要你想就没问题。但是，我们不需要让所有东西都变小，而且，去物质化也不意味着迷你化。例如，我们能让轿车变得更小巧，但不需要把所有的车都变小。但是，我们可以把车变得更轻，这样可以省油。如何使某些东西变得更轻？答案就是，去物质化。

路径 2：虚拟化

虚拟化意味着转换媒介，将现在需要在有形世界从事的事务转变成能在纯粹无形表意的世界里从事。虚拟化的影响远远超出了娱乐休闲业的范畴。虚拟化的一个例子是模拟现实。随着技术的进步，人们用软件模拟极端复杂情况的能力达到了惊人的地步。现在我们可以测试飞机、太空飞船和原子弹爆炸，却不需要事实上的实现。

目前，我在和一个大公司一起探讨供应链网络的物流问题。该公司需要持续地提高从 A 点到 B 点再到 C 点运输货物的效率。我们发现很多供应链网络都能够虚拟化，这能让我们看到无形的东西，并且发现一些新的方法，让我们节省大量的时间、精力和金钱。我们需要做的就是将物理上的功能转化成模型。这在十年前是不可能实现的。

　　虚拟化已经转变了整个商务世界。1990 年，只有为数不多的人认为书店可以虚拟化，然而，几年之后，亚马逊就出现了。如何让跳蚤市场虚拟化呢？通过 ebay 就能实现。不仅仅是商业，整个社会组织正在虚拟化。博客将整个新闻业虚拟化。通过第二人生（Second Life）——一个流行的网络社区，几百万人现在通过他们的化身，或者虚拟人物生活在虚拟世界中。在那里，他们玩虚拟游戏，购买虚拟物品，和虚拟的邻居进行互动。（2008 年，人们在这个虚拟社区中投入了超过 1000 万美元，这是真的 1000 万美元。）

　　虚拟化以我们不易觉察的方式转变着这个世界。今天，丰田的工程师在大脑中设计出一辆车到流水线装配出一辆车只需要十二个月。他们如何做到在这么短的时间内将一辆车从构想变成现实？通过高级的模拟和虚拟化。还记得电视上看到的撞车测试用的假人吗？今天，新一代的假人十分逼真，它们有心跳、血压和其他重要的特征，这多亏了虚拟化才得以实现。我们还能对假人进行虚拟解剖，知道体内撞击后的变化。

　　波音最新推出的 787 梦幻客机，极为精细，较于老一代客机机种，重量更轻，材质更为坚固，而且机内空气质量更好，气压和湿度也更接近地面，搭乘体验更加舒适。此外，能源使用效率更高，飞行航距更远。787 梦幻客机由数百万的零部件组成。十年前，制造这样一架飞机无异于天方夜谭。但在先进模拟和虚拟技术的支持下，得以梦想成真。

路径 3：移动化

　　年幼时，我常去爷爷奶奶家玩耍，他们住在得州达拉斯市 79 英里以北一个名为"电话镇"的小镇上。这个地方如弹丸之地，你几乎能将入口和出口标志挂在一起。这个小镇因 1886 年彼得·因德曼杂货店拥有唯一的一部电话而得名。之后，家家户户陆续装上了电话。

那时的电话是个大木箱子，像书柜一样固定在墙上。

我童年时，"电话镇"的许多家庭已经改用放在桌上的转盘电话：外形笨重，黑色塑料材质，粗大的电话线必须接到墙上。70 年代，电话才有了色彩，也变得更轻便。直到电话插座出现，这才可以将电话拔下，插在另一个房间。无绳电话出现后，我们能在房间里边走边通话。手机出现后，我们能够随时随地通话。

随着无线技术的进步，加上轻薄化的发展趋势，产品迅速更新换代。大型电脑变成了台式机，再变成笔记本电脑、掌上电脑，之后又有了手机。

几年前，I-Tech 推出了一款激光投影到桌面上的电脑键盘。这是一款虚拟化且完全去物质化的键盘，看似有形却无形！我还见过一款产品原型，是这项技术的深入发展。这款产品看上去是一支笔，一端是玻璃圆头，另一端是激光投影仪。把隐藏式支架打开，便成了小三脚架。摆在桌子上，打开开关，就能将画面投射在墙壁上，把键盘投射在桌面，这就相当于电脑了。兼具去物质化、虚拟化和移动化。（对了，它还可以当手机呢！）

移动设备的应用数不胜数。在某些国家，你可以用手机买汽水和支付停车费。结合全球定位系统（GPS）、地理信息系统（GIS）、无线射频识别（RFID）等技术，加上人们能通过通信设备自动定位彼此的位置，移动广告翻开了新的一页。

十年前，软件和数据都存储在硬盘上。而现在，我们有了基于网络应用的云计算技术，例如 Google Docs、Salesforce.com、Hotmail 和谷歌日历。通过软件，我们在远端的服务器上读取数据和储存数据。个人电脑就像客户端一样。这意味着我们能在任何时候登上任何一台电脑，完成期末论文，查看会议时间，以及完成更多的事，而不必使用同一台电脑。

如今，大到平板电视，小到手机，每种通信设备都有视频功能，人人都能参加视频会议，而不受传统电话会议人数的限制。传统的电话会议逐渐移动化。

我们正想方设法摆脱现实生活对我们的束缚，工作、娱乐、运动、购物等一切都在移动化。当然还有人会在办公室工作，但在家办公、弹性时间办公的人越来越多。就像我们的设备一样，我们不必再绑在一个地方了。

信息和多媒体沟通不再受限，不再局限于任何一个网络和存储空间，而是像空气一般，充斥于生命的每分每秒。只要手中有移动产品，我们就可以获取信息。

你可能会想，移动化工作方式已经有一些年头了。的确如此。然而，移动化的程度改变了，更具操作性，生产率也提高了。随着高清的视频流，精确的语音—文本输入和其他强大的新功能的出现，移动化将取得更大飞跃。

路径 4：产品智能化

当你在路上开车的时候，仪表盘突然闪了起来，告诉你有一个轮胎快没气了。你的全球定位系统发出指示："前面三公里的加油站有充气设备，请于下个出口换道行驶。"

你的车是怎么知道这些的？因为它是智能车。它有智能的轮胎，而且联网了，它还知道汽油不够了，所以能指示你开往最近的加油站。

20 世纪八九十年代，随着微芯片技术越来越实用，价格降到可接受的范围内。许多消费品突然增加了智能化功能。带自动清洁功能的烤箱、走廊的感应灯等。然而这只是个热身，我们现在能对任何一种产品智能化，这种智能化即将彻底改变我们的生活方式。

微处理器的发明为产品智能化提供了无数个机会。不只是轮胎能够智能化，道路也可以智能化。当我将汽车停进停车场，停车场会指出三楼第二车道右侧第四格有停车位。将来还能告诉我："车位已满请稍候，五楼有人刚买完东西要离开，请开去楼上，车位即将空出。"

现在我们已经有能力生产具有传感器的智能钢筋水泥，还有智慧型道路。试想，有条路竟然能提醒驾驶员前方有坑洼和排水口。为什么我们能够做到这种程度？原因很简单，使用了智能沥青。我们已经生产出智能水泥，它可以告诉高速公路建设部门桥梁何时需要维修。

只要加上传感器，并且让它能够通过网络进行沟通，任何事物都可以智能化。

路径 5：网络化

21 世纪的头几年，唱片产业受到一股音乐浪潮的强烈冲击。始作俑者是音乐分享网站 Napster，其创办人是 18 岁的波士顿大学学生肖恩·纳普斯特·范宁（Shawn Napster Fanning）。纳普斯特和其后创立的 Grokster、Kazaa 等网站，开创了音乐分享的新形式。不同于将文件存储在一个中心点以供用户使用，Napster 采用了文件共享技术。

唱片产业代表们极力抵制新技术，但是徒劳无功，无论他们如何搜索都无法找到储存的定点。因为根本不存在，正如美国诗人兼作家施泰因（Gertrude Stein）描述加州奥克兰市的名言："那里空无一物。"

唱片公司的总裁们有财有势，在法律界也有影响力。但 Napster 和 Grokster 有网络力量，绝非唱片公司能敌。

在电话发明和普及之前，所谓的网络是古罗马时期的公路，是腓尼基与大不列颠帝国的海路，是美国的铁路。尽管这些网络让人们在空间上相连，但在时间上，人们仍然是分隔的。电话是第一个名副其实的现代网络，它使人实时远距离沟通，几十年来，一直是人们沟通的重要网络。后来又有了传真、电子邮件、即时通信、手机以及手机短信。如今，美国青少年能同时跟十几个朋友发短信，却完全不会漏掉任何一个会话。据说拿破仑曾同时写六封信给六个不同的部长。通过实时的电脑和手机短信，美国几百万青少年能以两倍于拿破仑的速度工作。

　　随着网络规模、速度以及普及程度的提升，我们正不断扩展其内涵及应用，不仅使用文本（电邮、即时通信）和声音（电话），也使用视频甚至 3D 视屏。这一加速进程，正创造新的生产力和难以想象的商机，后文将提到这一点。

路径 6：互动化

　　20 世纪的大众传媒都是单向静止的，网络出现后，就呈现动态化特征，点击超链接，就能立即看到更多的内容。和媒体互动的能力代表了科技向前迈进了一大步。但我们仅仅才开始理解这一技术的力量。随着动态媒体的逐渐增加，我们越来越有能力和每一样东西互动。

　　想象一下：你在家里看美式足球转播，比赛十分精彩，但那记失球的画面角度不够好。如果你能跑到另一边观看，换一个角度让整个场景一览无遗，那该有多好！

　　等一下，你真能实现这一点。好几年来，我们一直听闻交互电视。如今的交互网络电视（IPTV）让我们最终实现梦想。通过网络电视，你能够积极参与赛事，不用再当被动的观众。

　　互动化的趋势方兴未艾。Facebook、YouTube 和 Twitter 等社区网站之所以流行，就是因为它们提供了互动平台。互动的程度越高，参与程度也越高。这个道理看电玩就能知道。孩子以前是眼看屏幕、手拿摇杆玩电动。现在，他们可以进入 3D 虚拟空间，和其他国家的孩子们实时互动。

　　我们今天的交互程度比昨天高，明天的交互程度又会比今天更高。互动化不仅体现在电视和电玩上。自古登堡改良印刷术后，印刷品一直属于单向媒介，报纸杂志的投稿一栏可以引发热烈讨论，但却有时间延迟。此外，广播、脱口秀中的电话接入环节也能为观众提供互动机会。然而，这些都只是凤毛麟角，本质上，这些媒介主要还是单向传播资讯和观点。

今非昔比，Twitter、YouTube、博客和 Facebook 等社交网站撼动了新闻业的基石。互动化逐渐转变了政治和民主的本质，也改变了广告营销方式。在过去，大众广告是一种被动体验，你只能被动收看电视广告、杂志广告和公告板。当你在网络上看广告时，你可以任意点击它，这种方式前所未有。

路径 7：全球化

全球化自古就有，比如商路、邮政和电报等都是全球化的表现。广播是现代全球化的开端。不用走路，不用拉电线就能在空中传播。换句话说，符合去物质化和虚拟化这两个路径。但一直要等到宽带互联网的高速网络出现后，全球化才得以完全实现，充分发挥威力。

随着外包和分工软件的崛起，再简单的工作流程都能在全球范围内进行，我们迅速地掌握了全球化这一概念。然而，我们才刚开始认识全球化的真正影响力。

全球化并非只用于信息的传播，任何事物都可以全球化。例如，经济全球化。随着各国经济依存度提高，我们不能再彼此树敌，因为如果把对方打倒，自己也会受到牵连。自由贸易有助于避免战争的爆发，原因就在于此。有了麦当劳，这些国家都不会向美国宣战了，因为麦当劳使它们的经济跟美国联系在了一起。打仗成本高，损人不利己。这样看来，诺贝尔和平奖应当颁发给麦当劳的创办人雷·克洛克（Ray Kroc）才对。

全球化的程度各异。产品生产销售到全球市场是一回事，依照当地需求将产品定制化生产又是另外一回事。奔驰就是奔驰，不管你在哪买都一样，但亚洲版丰田跟美国版丰田是不同的。（日本版的方向盘在右边，而且车的体积更小。）

企业结构同理。董事长的护照上盖了多国出入境印章是一回事，董事会由不同国籍人士组成又是另一回事。2005 年，索尼公司开创了一个先例，聘用斯金格（Howard Stringer）为 CEO，这是索尼历史上第一次由非日籍人士担任 CEO 一职。随着各国企业的董事会与员工组成日益国际化，今后，公司属于哪里并不重要，增加就业的机会比公司的归属地更为重要。事实上，未来的全球化企业不讲出身何地，而是无所不在。

全球化不是政治趋势转变的产物，亦非由官方倡导，科技才是主要的驱动力。全球化并不是因为我们想做，而是因为我们有能力做。科技化将不可能转变为可能，有了可能，我们就能实现它。

路径 8：汇聚化

上述路径会重叠和交互，从而加快演化的速度。事实上，汇聚化本身也是技术进步的路径之一。

举例来说，各个产业都在发生汇聚化。80 年代，加油站和便利店合二为一；90 年代，咖啡店和书店合二为一。这些还只是 20 世纪的例子。当今，汇聚化的进程加快，电信、消费电子技术、信息技术三大技术逐渐合而为一。

产品也出现了汇聚化。知道手掌般大小的手机里，有多少产品整合到了一起？现代智能手机可以发送电子邮件、照相、摄像，可以三方通话，加上联系人管理和日历，就像一个全能的日程管理器，如同商务界的瑞士军刀。iPhone 将汇聚化推到了更高的境界。除了手机的基本功能之外，它还有强大的网络浏览体验（结合谷歌地图、电话本等），可以上网查找餐厅，通过地图定位，打电话预订一条龙服务。此外，电子邮件、相机、视频、YouTube 播放器，再加上 WiFi 音乐商店，就像一个全能 iPod。当然，别忘了各种各样的手机应用程序。

1966 年，我还年幼时，曾看过一部模仿 007 的搞笑电影《谍海飞龙》（Our Man Flint）。男主角的主要道具是 Zippo 打火机，它一共有 82 种功能，加上点烟，就是 83 种功能。今天，这些集多功能于一体的梦想已经在手机中实现了。

我们对看到的混合和汇聚叹为观止。以前的人绝对想象不出，汽车能和电视结合在一起。有一家汽车厂甚至将小型微波炉装在置物箱内，塞车时可以把三明治热来吃，这也要归功于去物质化。另一家汽车厂则在研发仪表盘专用 iPhone 或 iPod 底座，作为 GPS 多媒体系统的中心点，这样就可以在后座屏幕播放流媒体视频电影和 YouTube 视频。

不同的汇聚现象也正在汇聚。网络是电话和电脑汇聚的产物。谷歌地图和 MapQuest 将网络和地图汇聚在一起，GPS 又把 MapQuest 与车辆汇聚在一起，达到去物质化、虚拟化、互动化和网络化。细细一看，爱车的零件很可能来自全球各地。换言之，你每天都在开的车，背后就融合了八大科技演进路径。

这八个科技路径彼此交互，产生了一加一大于二的效应，正逐渐延伸到生活的方方面面。

案例分析：妙音

几年前，我受邀到一家公司为其管理层演讲，我指出了几个硬趋势，最先谈到的是婴儿潮。

科技让人延年益寿。通过基因科学、抗衰老疗法、干细胞复制器官、更加精准的药物疗法、药妆和保健食品等，"老"的概念已被刷新。目前，已完成多年的测试、等待推出的药品总共有几百种，全部都有抗衰老的功效。

由于积蓄不足，许多在婴儿潮出生的人过了 65 岁仍会继续工作，只是和退休之前的工作内容不一定一样。对很多人来说，退休代表了人生的第二春。他们重新进入职场，很多人甚至创业，做起小本生意，全球绝大多数的财富就握在这些人手中。这个群体的人数也极为庞大。

我跟这些主管说："这些老人一定也想听清楚周围发生了什么。你有市场吗？我相信绝对有。"

这家企业是全球助听器制造商妙音（Miracle-Ear）。最有机会把握婴儿潮硬趋势的公司非它莫属。光在美国，婴儿潮的人数就达7800万人，他们都是听摇滚乐长大的，如吉米·亨德里克斯（Jimi Hendrix）、齐柏林飞艇（Led Zeppelin），老了之后当然要用到助听器。照此逻辑，妙音应该喜出望外才是，但事实上并没有。因为婴儿潮出生的人肯定不想被人看到戴助听器，以免暴露年龄，谁都不喜欢被人说老。这一群体需要助听器功能，却不愿戴助听器。

我对他们说："我们所需要的就是远见力。"

我跟他们提起了石油企业主管面临的问题，最后总结说："如果我们能将石油钻井设在水下而不是水面上，或许我们就能找到答案，因为水面上是找不到答案的。我们不能只看今天，也要看到明天的技术。我们需要掌握未来的已知数，从而推断可能的方案。"

我们首先思考科技进步的去物质化路径（路径 1）和产品智能化路径（路径 4）。手机越来越轻薄，越来越智能，功能也越来越多，和 007 的风格一样。事实上，手机正朝两大方向发展：一部分手机越来越智能化，逐渐变成多功能、多媒体电脑；另一部分则体积越来越小，聚焦在电话的核心功能接听电话上。

先进的语音识别技术使得拨打手机根本不用按键。不久以后，你会看到完全没有屏幕的手机，小到可以塞进人耳。我说的并不是蓝牙耳机，而是能整体塞到耳朵里的手机。

移动电话怎么能做得那么小？原来，移动电话的软硬件以后都会存储在服务器里，你耳朵里的电话只要读取数据即可。目前移动电话的存储空间与智能功能都需要空间和电能，一旦将功能转移到服务器上，电话也就不需要芯片和电池了。

手机厂商的问题也随之而来：如何研发出可以舒舒服服塞进耳朵

的迷你移动电话？人的耳道结构独特、复杂，如同指纹一样因人而异，全部使用一个尺寸根本行不通。

"要研发出针对顾客耳道的定制手机，手机制造商需要哪些有专业知识及经验的人呢？"

妙音在全美有超过 1000 个销售点，其中多数是在西尔斯百货（Sears）的专柜。公司的员工教顾客如何舒服地佩戴助听器，再调到正确的频率，以便达到最佳的听觉效果。

我建议在场的主管考虑和主要的手机制造商合作，研发革命性的助听器，可以叫它们妙音电话或妙音耳机。

再进行网络化（路径 5）和汇聚化（路径 8），即把全球定位系统的微芯片加进来。当你走在陌生的城市时，你说："最近的星巴克在哪里？"你的妙音耳机会轻轻耳语："过马路后右转就到。"当你一边走一边问："妙音公司现在股价是多少？"妙音是联网的，上网查询之后就能告诉你答案。如果你想听音乐，你可以随时点歌。你说"紫雾"（*Purple Haze*，吉米·亨德里克斯的歌曲），歌曲就会播放。事实上，未来你会需要两个妙音耳机，这样才有立体音效。

既然我们谈到这了，不妨将产品智能化加进来。妙音耳机能够助听，所以比人耳还厉害。想增加环绕声？没问题。想智能地消去周围的噪音？也没问题。搭乘飞机时，旁边有婴儿哭个不停？放心，妙音耳机能降低婴儿哭声的频率，你可以安心享受音乐。

现在你知道这个过程究竟发生了什么事吗？我们不只改良了产品，还完成了企业转型，涉足了一个完全不同的产业。前一秒钟我们还在没人待见的助听器行业，现在通过灵光一闪的远见力，我们反而引领潮流，改变人们的生活方式。现在我们可以将这款产品销售给婴儿潮一代的人，而不是销售给听力衰弱的银发一族。妙音耳机独一无二，既增强人们的听力，让人们随时随地想听就听，而且听力比以前更敏锐。

妙音的例子告诉我们，你能够将无形化有形，将不可能化作可能。这就是把握硬趋势的已知数，将一个行业改头换面的实例。这就是灵光一闪的远见力。

妙音助听器尚未采纳我的意见，我也知道为什么。因为我勾勒的产品蓝图看上去过于未来主义，太遥远。这是一个十分酷的点子，但这个点子有可行性吗？

绝对可行！事实上，这是不可避免的。今天不能实现的功能，明天就能实现。这家公司不捷足先登，其他公司就会抢着做。这不是猜测，而是已知数，因为技术的进步在八个路径的共同作用下，将如宇宙速度般迅速发展。

三大数字化油门

本章我们提到了技术转型的速度加快，但尚未探究其本质、原因和未来的趋势。21 世纪远见力的主要动力就是技术进步的硬趋势。这波科技海啸其实是由三股强大的硬趋势交织而成的。各自具有改变社会的力量，但三者的合力更是威力无边。若以开车比喻科技进步，我们现在就是狠狠地踩着油门向前冲，甚至是同时踩着三个油门。

我的工作有部分职责就是对高科技进行分类，为了了解这三大加速现象，我从 1982 年开始记录其进展，希望从中找到科学指标，以便能精准预测科技如何转型。晶体管是第一个指标，并不难找，距今也有十几年了。

1965 年 4 月 19 日，《电子学》（*Electronics*）刊登了一篇文章。一个电子小厂商观察到，在最低的成本条件下，一个电路板上可容纳的晶体管数量，每二十四个月就会增加一倍。这篇文章的作者是摩尔（Gordon Moore），这家小公司就是英特尔，而他的观察后来成为众所周知的摩尔定律。

油门 1：运算处理能力

所谓摩尔定律，是指电脑运算能力每十八个月就会加倍。但这也并非绝对，例如，70 年代，运算处理能力隔了几年才加倍。但之后速度再次加快，呈稳定趋势。尽管摩尔公开表示过，此种速度无法永远维持。但过去十年来，并无减缓迹象，未来的十多年，该趋势也不会改变。[1]

举例来说，运算处理速度之所以加快，是因为缩小了处理器的元件大小。但现在许多元件已达到微观的层面了，很难再进一步缩小。难道摩尔定律日后会慢慢失效？绝对不可能。

科学家已经发现 DNA 纳米结构（约头发直径的千分之一）能够作为组装电脑芯片的支架。做法是把一段长链病毒 DNA 与短链合成病毒 DNA 一起放在溶液里。大分子自我组装成各种结构，折叠出正方形、三角形等二维形状，由短链病毒 DNA 担任装订针功能。使用电子束光刻和氧等离子体蚀刻技术，该结构被精确地定位在硅晶片上。之后，碳纳米管、纳米线以及其他微观部件就可以组装在支架上，形成比传统的半导体小得多的复杂电路。这一突破被称为 DNA 折纸术，这也证明了摩尔定律将长久不衰。

还有一个例子：研究人员现在正在研发一种光子电路，而不是电子电路，计算机处理速度将大幅增加，这一转变将远远超过今日所能想象的上限。

每十八个月就翻一番，想一想这意味着什么。

如果将 1 美分每天加倍，一个月以后会有多少本息？明天你有 2 美分，后天有 4 美分，大后天 8 美分。一周后你将有 64 美分。两周后，你的现金储蓄将增长到 81.92 美元，看似不高，但到了第 28 天，也就是两个星期后，你将拥有超过 100 万美元，在第 30 天时会超过 500 万美元。如果那个月有 31 天，金额就超过了 1000 万美元。

这正是摩尔定律的惊人力量，也正因为如此，在 20 世纪七八十年代，大多数人似乎并未觉得有什么大不了。当时就好像刚开始存钱，64 美分并不能令人印象深刻，也很难让人兴奋起来。从 5 兆赫的芯片进步到 500 兆赫的芯片耗时二十年。但从 500 兆赫翻番到 1000 兆赫只花了八个月，这已经是好几年前就完成的事了。今天，我们已经到了第 28 日的关键点。运算处理能力稳健倍增已经达到逃逸速度，如同把几美分变成了几百万美元。

手机具备了电脑的所有功能，汽车也突然有了自我诊断和维修能力，这些都是摩尔定律发挥作用的结果。

1984 年，我预测人类到大约 2000 年能够成功测序人类基因图谱。六年后，即 1990 年，人类基因组计划正式启动。几年后，美国总统克林顿与英国首相布莱尔共同宣布，完整的人类遗传基因图谱绘制成功。当天是 2000 年 6 月 26 日，与我的预测不谋而合。

我如何能测出这项科学壮举？而且早在十六年前就能准确预测？因为我掌握了硬趋势摩尔定律。显然，自 1984 年起，大约需要一段如此长的时间，处理能力才能达到完成该任务所需要的水平。这是硬趋势惊人的力量，它使我们能够掌握已知数。

不过话说回来，这种趋势的独特之处，就是在它的早期阶段很容易被人视而不见。从图中可以看到，第一次翻番，曲线开始了缓慢的增长，2 变成 4，4 成为 8，8 成为 16……起初曲线趋近于水平，几乎察觉不到向上的趋势。但线条一旦取得弧度和动量，它就要突破该图的界限，形成直线上升之势。

垂直上升的力量很惊人，而这只是第一个数字化油门。另外两个倍增的速度甚至更快。

油门 2：带宽

第二个数字化油门是带宽的增加，也就是通过给定信道可以传递

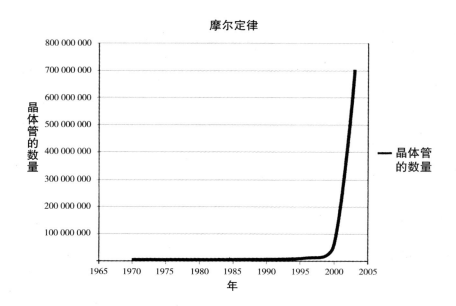

的信息量。

在 80 年代中期，我与诺光电信（Norlight Telecommunications Inc.）一起，主持了世界上第一个全光纤的视频会议。该公司位于威斯康星州麦迪逊市。在视频会议通话过程中，我描述的一个原则，当时几乎察觉不到，但将改变整个世界：数字带宽的增长速度比数字处理的增长速度更快。不像摩尔定律一样家喻户晓，这个原则并没有它流行的名字（尽管有些人把它称为伯勒斯带宽定律）。我把它视为第二个油门，即带宽。

与运算处理能力一样，带宽的增加开始时很慢，速度奇慢。20 世纪 80 年代，如果你知道那个年代的调制解调器是怎样的，那就知道我说的是什么了。要使用该设备，你要把话筒放置在一对吸盘上，该设备可以接收声波（模拟）信号。一旦你将电话插入 300 波特的调制解调器和网络，你可以坐在办公桌前下载一个微软 Word 文档，但是要用上电脑（处理能力）和调制解调器（带宽）就得等个大半天，实在是龟速。

今天的带宽快如闪电，不仅是速度加快了，其增加的速度甚至比处理速度快一倍。现在的网站很成熟，因为我们已经有了高品质的图片，加载速度更快，还有了流视频。未来，3D 网络站点将让你在虚拟商店购物，查看新房子或度假地点。（我们将在第 3 章谈论 Web 3.0 是什么样子，以及它将如何改变你的生活和事业。）

怎么确信这一点？由于带宽近乎垂直增长和用户数量的增长曲线一样。人们使用它的频率也有如此涨势，这推动了成本的下降，而且让我们有能力做一些以前无法想象的事情。人们常用"管道"来比喻带宽。管道越宽，每秒流经的信息字节就越多。一页英文文字大概有 16000 比特或 2000 字节。一个早期的拨号调制解调器可以在一秒钟内发送 56 个千字节（57344 字节）。全动态视频需要大约 10 兆字节每秒的传输量，是早期调制解调器的 20 倍。

但是，千万别止步于"管道"，光纤才是主角。带宽能够外包给印度，托马斯·弗里德曼（Thomas L. Friedman）在《世界是平的》（*The World is Flat*）里描述的向印度外包能够实现，主要归功于光纤技术进步。相比过去龟速的铜线，现在带宽加速增长，传输速度加快，潜力也倍增。增加光纤传输能力不需要铺设新的光纤，只需要在光纤的两端研发出新的转换单位。换句话说，我们可以轻易让现有网络的能力加倍，而不必大笔投资基础设施建设。下文会提到，随着通信与网络走向无线化，带宽很快就会超过光纤的上限。

油门 3：存储容量

运算处理能力与带宽高速成长，相应的存储技术的成长曲线更加戏剧化。我的第一台电脑连硬盘都没有，时至今日，存储容量几乎无上限，便宜到近乎免费，这就是第三个数字化油门的影响，即存储能力每十二个月就要翻番，速度更胜带宽和运算处理能力。

1956 年，IBM 研发出了全球第一个硬盘，称为 RAMAC。到 2006 年正好迎来 50 周年发明纪念，它也是婴儿潮的一员。当时 RAMAC 的存储容量只有 5 兆字节，由 50 个氧化铁覆膜碟片组成，每片大小相当于 24 英寸的披萨，另外还需要空气压缩机，保护两个读写数据的移动磁头。RAMAC 体积相当于两个冰箱，重达一吨，租金换算成现在的金额高达 25 万美元。尽管如此，其容量不过只能储存一首 MP3 歌曲。

但重要的是，这个信息可以想用就用。"随机读取"意味着立刻找到储存信息的地方，并能随时取出。不用倒带或快进，就像磁带和 CD 的差异。

80 年代初期，个人电脑开始有了软硬驱动。存储容量先是千字节（KB）再是兆字节（MB）。到了 90 年代末期，我们有了吉字节（GB），今天是太字节（TB），不久之后将会是拍字节（PB，1000 太字节），然后是艾字节（EB，1000 拍字节），等等。

1979 年希捷科技推出第一个硬盘。据该公司报告称，到 2008 年，他们已经售出了 10 亿个硬盘驱动器，总计 7900 万太字节，足以存储 1580 亿小时数字视频或 12000 亿小时音乐。虽然他们花了 29 年才累积到 10 亿台出货量，但他们预测，五年内出货量就可以达到第二个 10 亿。1979 年的老式硬盘可以存储 5 兆字节，与 1956 年 RAMAC 设备相同。它重达 5 磅并耗资 1500 美元，相当于 300 美元每兆字节。截至 2008 年 4 月，希捷普通的硬盘能提供 1 太字节的数据，足以存储一个月昼夜连续播放的高清晰度视频。每兆字节费用大约为一美分的五十分之一。

存储空间的增加，似乎也会有到顶的一天。你若真这么想了，那你只看到了我们一直在做的，而忽略我们将要做的。

虽然目前的激光技术通过使用更短的光波不断增加数据量。但激光依然是二维的，存储的信息总会遇到瓶颈。但是通用电气公司的科学家们正采用全息原理寻找新的方法扩大存储容量。他们研制了专业的聚碳酸酯材料，当受到特定类型的激光照射后，它的化学组成会发生改变，数据就"写"到了磁盘上。这种方法使它们能够使用整个记录介质的容量，而不是只改变材料表面的可见部分。这样，同样大小的磁盘就能记录下 200 倍于之前的数据。因为表面积不再是问题，存储媒介的大小和形状也可以更加灵活。采用并行读取的方式，数据检索的速度也大大加快。

可能有一天，你能将收藏的所有电影刻在一个 DVD 上。但你可能不会这么做。因为 DVD 将很快被淘汰。毕竟，这年代还有人买光盘吗？我们直接从 iTunes 下载就好了。我现在的笔记本电脑甚至没有硬盘驱动器。它采用固态存储芯片，无传统硬盘的活动零部件。因为我的资料都存在云端服务器上。现今已如此，那么未来会发生什么事呢？

垂直上升

如果一美分突然变成千万美元，这似乎很夸张。想象一下：如果下个月从 1000 万美元保持翻番，岂不更夸张？在技术方面，这正是未来几年的趋势。三大油门使得技术变革上了快车道，带来了巨大的进展，但重头戏尚未登场。带宽增速超过了运算处理能力，而存储容量增速又超过带宽增速，三大数字化油门走到一起就像"完美风暴"，掀起了一股巨大无比的转变潮流，传统的思维根本无法想象。数字化特快专列将加速前进。

下一个技术大转变是光子革命：用激光和全息晶体来存储信息。（像不像超人的孤独堡垒？）科技特快专列的三大油门也要受到影响。

倘若光学革命是高山，我们才刚来到山脚下。磁力驱动让位给光驱，铜缆由光纤连接，传输数据以光波形式，而不是磁荷。正如铺设铁路改变了 19 世纪末的经济社会形态。同样的道理，光纤在海洋和大陆纵横交错，改变了现代生活形式，只是程度更深，时间更为紧凑。

这三大油门代表的曲线起初缓慢前进，无法察觉。直到 20 世纪 80 年代，才开始弯曲向上，我们这才开始感受到其变化。90 年代末，曲线明显转折，不察觉都难。然而，奇怪的是，今天人们似乎常常觉得技术革命已经结束，巨变已经过去，这种想法大错特错。

虽然光纤技术的变化十分剧烈，我们仍然只见识到光子革命的皮毛而已。液晶全息技术将产生不可思议的数据量，所有存储的数据都是三维的，也能瞬间检索。只要有光，所有的信息都在你弹指之间。

而这仅仅是存储技术。摩尔定律还在持续发酵，将来面临的变化更巨大，微芯片的速度越来越快，也为这股科技巨变推波助澜。运算处理能力已经迈入了新境界——纳米技术和量子计算。研究人员正在研发纳米计算机，它能在单个原子上存储无限的信息（称为量子比特）。

带宽技术将如何发展？其转变可能胜过其他二者。从铜线到光缆，现在我们又有了无线技术，信息仿佛在空中飞翔，灵活自由。光纤将继续作为未来的主要通信方式，但是随着无线传输技术的进步，我们能够增加有线和无线带宽，而且它们几乎没有上限。

光子晶体全息、纳米技术、量子计算、无限扩展的无线传输，未来改变之快，使得 1999 年的"互联网泡沫"也云淡风轻了。

远方的海底地壳构造发生变动，触发地震，无声无息地卷起了海浪，却没有人察觉。因为海洋很深，海浪很小，但是地震引发的海啸以高达每小时 500 英里的速度前进，相当于波音 747 的巡航速度。只有当海啸逼近海岸线时，人们才能发现它的威力。这就是当前正在发生的事情，随着数字技术的进步，科技的构造变化已经发生，科技浪潮向我们席卷而来。运算处理能力、存储容量以及带宽倍增，垂直向上突破，好似卷起了千层巨浪。未来即将冲上岸去，如此科技巨变，我们能够理解清楚吗？

切记，上述种种都不只是可能发生的事，科技转变的速度是一定会加快的，就像太阳一定会从东方升起。未来，科技巨浪将席卷一切，不管人们喜不喜欢，它一定会发生。教育、保健、农业、能源、制造，每一类产业，每一个机构都会受到冲击，彻彻底底地变革。这场巨变会灾难性地破坏每一个行业的每一个方面，也会改变人类活动的方方面面，唯有洞察未来的人能够幸免。

►►► 行动准则

先发制人，指预测未来发生的事，防微杜渐。让我们从内到外主动改变，而不是被强制从外面改变。

➤ 下定决心成为一个洞察先机的人，懂得如何管理机遇。

➤ 如果你在公司或其他组织工作，就下决心使你的组织成为一个洞察先机的组织，把握洞察未来所带来的机会。

➤ 问问自己："什么是我将要遇到的问题？什么问题是公司将面临的问题。我在未来几周、几月、几年后会遇到什么问题？我的客户会有什么问题？我的另一半、孩子、朋友会有什么问题？"不要等待这些问题发生，要发挥创意先行解决。

➤ 另外也应该自问："我十年、十五年甚至二十年后想要的生活是怎样的？要通过哪些步骤才能达到？"

Chapter

3

変　革

早在 1996 年，有一家创新的小公司虽然经营有成，但是在其他人眼中看来是注定要失败的。《纽约时报》为其写下墓志铭："不管是苟延残喘，还是被收购，这家公司大势已去。它是一个经典，也是一个悲剧。"《时代周刊》评论道："该公司乱得一塌糊涂且没有战略眼光，当然也没有未来可言。"《财富》杂志也表达了相同的观点："当你读到这个故事时，这家引领风尚的公司……恐怕即将让出经营权。"令人难以置信的是，一年半后这家公司还在呼吸，但肯定时日不多了。毕竟，根据《金融时报》的说法，"他们要……打出一个很大的全垒打……根本就是妄想"[1]。

但是，人们都看走了眼，全垒打也不是妄想。这家被所有专家唱衰的公司就是苹果公司。而专家们之所以大错特错，全部因为一个小玩意：iPod。2001 年被认为"迟早会消失""妄想""肯定没有未来"的苹果公司，杀出重围，主宰了一个全新的市场。2001 年 iPod 推出的时候，MP3 播放器仅仅是一个 5000 万美元的市场。五年后，这个市场的销售额已经超过了 20 亿美元。截至 2009 年底，苹果已经售出近 2.5 亿台 iPod。而且在此之后不到半年，苹果公司就超过微软，成为全球估值最高的科技公司。[2]

到底苹果公司是如何创造这个奇迹的？答案就在于他们预见了未来的变化。

苹果 iPod 的成功是许多因素造成的，包括在企业文化中将持续创新作为最高价值。但成功的核心可以归结为具有远见力：苹果公司看到了技术的垂直化趋势。换句话说，他们看到了运算处理能力、带宽和存储容量这三大数字油门将带领科技去往的方向，因此他们也看到了从中获利的机会。

苹果不只是在音乐唱片领域占有了一小部分市场，它还改变了整个行业，并将唱片业的现状推入混乱。几十年来，从猫王、披头士到迪伦，唱片业经历了繁荣的发展，因为他们满足了婴儿潮一代的需求。就像三大汽车制造商一样，四大唱片公司——索尼、环球、EMI 和华纳以巨大的利润空间建立了大规模组织，他们控制了超过四分之三的音乐唱片市场。然而，好景不长，到 2005 年，他们已经失去了市场份额的 25%，并持续下降。

鉴于点对点（P2P）文件共享和免费的 MP3 下载量的增长，对下载音乐收费的想法在大多数公司看来似乎是不可能的，但苹果公司却实现了收费下载。苹果在线音乐商店 iTunes 自 2003 年 4 月投入运营，就迅速成为音乐传播的重要力量。到 2005 年年中，它已累积了 5 亿下载量。2006 年 2 月 23 日，英国流行乐队酷玩乐队（Coldplay）的歌曲《声音的速度》（*The Speed of Sound*）为 iTunes 贡献了第 10 亿次下载，它标志着音乐行业翻天覆地的转变，是录音唱片行业的转折点。2007 年，苹果公司的虚拟音乐商店已经成为全美第三大音乐零售商。2008 年初，它超越沃尔玛，成为美国最大的音乐销售商。[3]

这期间发生了什么？一场科技海啸。带宽、处理和存储能力的迅猛发展，让通过虚拟方式购买、存储、检索音乐并享受高品质的家用立体声效果成为可能。四大唱片公司并没有看到这一趋势的到来。从黑胶唱片、盒式磁带再到 CD，销售实体产品曾经是这个行业的基础，并且这些实体产品为这个行业创造了至少 90% 的纯利润。这种情况下，如果音乐媒介从实体变成虚拟将会发生什么？整个行业都将崩塌。音乐唱片行业于是被我们前文讨论的技术进步的第一条路径——去物质化给击垮了。

史蒂夫·乔布斯（Steve Jobs）决定投资 iTunes 和 iPod 时，他是在带领苹果领跑时代，领先技术曲线。2007 年，苹果公司成为美国第三大 PC 制造商；2008 年初，虽然大部分市场正在进入低迷期，苹果公司的增长速度却超过了 PC 行业的其他公司，并且拉开了将近三年半的距离。有趣的是，苹果公司还清楚地看到了其中去物质化、移动化、网络化以及汇聚化的硬趋势，这让他们看到了客户和公司的未来。因此他们没有用"计算机"点缀公司的名字，而是简单地称为"苹果公司"，不久之后他们推出了 iPhone，成为又一个历史性的革命。

iPod 借力于存储容量的不断增加，也即三大数字化油门之油门 3。

iTunes 商店利用的是带宽的不断增加，即三大数字化油门之油门 2。

可以预见，四大电视网络也将面临与四大唱片公司完全一致的危机。到 2008 年，美国人每天在 YouTube 上观看视频的时间比排名前十的电视节目都多。就像 iPod 一样，突然出现的 YouTube 统治了一个几乎没有人意识到的领域，成为一家价值十亿美元的公司。于是，就跟唱片巨头们一样，电视巨头们措手不及。这并不是说，他们没有想到事情发生变化。他们知道事情会改变。

但市场经历的不只是变化，而是变革。

疾驰残影

根据《新牛津美语辞典》（*New Oxford American Dictionary*），变化 / 改变（change）的意思是"让某事或某物与现状不同"，而变革（transform）表示"进行了彻底或巨大的改变"。两者为程度上的差异，但是这种差异发展到了极端，就变成了质的区别。

变化意味着本质上继续做同一件事，只是在程度上有些差异，或是更大，或是更小，或是更快，或是更高，或是更长。比如增加营销预算，增加工作人员，生产更时尚的 SUV，提出新的口号。但是，通用汽车无法通过变化摆脱困境，录音唱片行业或电视网络也无法通过简单的变化来使自己存活下去。仅仅通过变化是远远不够的：我们需要变革。

变革意味着做一些本质上完全不同的事。这意味着纳米化，意味着把石油钻井平台架设在海底，意味着用戴尔模式来经营通用汽车公司。在 20 世纪 90 年代初，巴诺书店改变了我们购买书籍的方式。到了 90 年代中期，亚马逊则让我们购买书籍的方式发生了变革，进而让我们购买所有商品的方式产生了变革。

我的青少年时期也收藏了许多挚爱的音乐唱片，虽然现在唱片已经不再发行。而在当时，八轨磁带和录音带的出现，给人们聆听音乐带来了巨大的变化：我们能在汽车里播放音乐了。当这个行业的产品从唱片和盒式磁带发展为 CD，也带来了更美妙的变化。我们终于可以摆脱嘶嘶声和划痕声，享受自己喜爱的音乐了。有了 iPod，你可以在衬衫口袋里随身携带整个音乐库。随着引入纳米技术，不再有任何运转部件，也就不再有卡带或唱片式的旋转。移动的就只有电子，它们能够以光速传送到任何地方。八轨磁带、录音带、索尼随身听和 CD 都曾改变我们听音乐的方式，但只有 MP3 和 iPod 从本质上变革了我们听音乐的方式。

最能表现这两种变化的景象来自 1977 年的电影《星球大战》（Star Wars）。当汉·索罗（Han Solo）的走私船"千年隼"号飞船切换到"超空间"时，你可以看到星星一动不动地挂在舷窗外面。然后，这些星星瞬间转移，变得模糊，从白色圆点变成白色条纹，这时候它们已经远去。这是 1977 年的科幻小说，也是今日现实的变革步伐给人的感觉：疾驰残影。

在 90 年代，我们总是告诫自己要"解放思想"。它所代表的是一个简单划一的印象，即唤起创造力和非常规的思维，得出巧妙的新途径和解决办法。然而，就像"洞察先机"一样，"解放思想"作为一条标语的时代来了又去。如今，解放思想需要解决这样的问题：我们都知道，无论在周末研讨会期间如何具有创造性，在接下来的星期一早晨我们将不得不再次爬回思维的牢笼中，处理眼前的现实问题。所以问题不在于我们需要新的方法来解放思想，而是需要彻底改变思维模式本身。

事实上，无论束缚你思维模式的是工作、公司、职业或情势，也不论你是否喜欢，变革都将发生。未来，所有的领域和专业，企业和组织，国家和社会，都将发生根本性、基础性的变革。

只要问问四大唱片公司。2007 年 10 月，流行乐队电台司令（Radiohead）的新专辑《彩虹之中》（*In Rainbows*）以可供下载的 MP3 格式在线独家发行震惊了业界。这张专辑没有 CD 盘，只是一系列的 1 和 0 在虚拟空间电子流中浮动。没过多久，老鹰乐队（The Eagles）、琼妮·米切儿（Joni Mitchell）、麦当娜（Madonna）、保罗·麦卡特尼（Paul McCartney）就切断他们与各大唱片公司的联系。利润丰厚的 CD 销售业务出了什么状况？它已成为变革中的疾驰残影。

复苏不会到来

30 岁时，我在蒙大拿州参观冰川国家公园。这是一个令人称奇的地方。我拍了许多壮观的大山照片。多年以后，我邻居家的两个孩子跟他们的父亲在冰川国家公园进行了露营之旅。当他们回到家里，我问他们是否喜欢那里。

他们耸耸肩。"没有那么大。"哥哥说。"是啊，"弟弟插话道，"印象不是很深。只是一堆松树。再也不会去那里了。"他们给我看了和朋友一起拍的快照，照片的背景是阴沉的雾霾，难怪他们印象不深。最近的火灾烟雾，加上当时多云的天气，已经完全将山峰掩盖了。

"等一下。"我说，然后拿出了早前旅行时拍的相片，给他们看那些高耸入云的山峰，问道，"怎么样？"

"酷！"弟弟说，"这是哪里？""很棒，"另一个男孩说，"下次我们应该去那里！"

但是，他们已经去过，只是没有看到大山，因为高山被云雾笼罩。

这就是我们现在面临的处境。巨大的变化就在我们面前，全球经济衰退就像一场云雾，让大多数人无法看到这座名为变化的山峰。

2008 年和 2009 年的经济衰退之后，人们不断发问，什么时候经济才会复苏，答案已经隐含在问题中。人们真正想知道的是："什么时候才会回到常态？什么时候才能回到以前的岗位，回到经济稳定时期？什么时候能够恢复以往的生活方式？"但这些都不会发生，因为根本不存在"复苏"。

经济变迁是周期性的，所有的衰退都是暂时的，情况会好转。在我写作本书的时候，经济已经有所改善。但现实是，复苏不会到来，过去也不会重现，我们只会涌向一个截然不同的世界。

从主流的观点来看，很容易认为最大的变化已经发生：互联网颠覆了我们的世界，改变了一切。但是，这都是事后诸葛亮，不是远见。互联网在过去十年间的扩张只是序幕，还没有进入故事正文。这不是变革，只是为了即将来临的变革奠定基础，而未来的变革必将来势汹汹。

我们正处于技术驱动型变革时代的黎明，所以我们经历的这二十五年间的变化是平淡、温和而缓慢的。但我们已经越过门槛进入了变革的时代。这是第三个远见力触发器的背景：对根本性变革的预期。

在过去，变化很重要。现在，它已经不再足以改变现状。事实上，我告诉我的客户，改变注定要失败，我们需要变革。

智能化未来

我们在新世纪需要面对的最大挑战是能源问题。对能源的追求历来是殖民、国际纷争和战争的最大驱动力之一（同时也为胜者带来巨大财富）。对化石燃料的消耗，可以说是我们最大的生态威胁，同时也是各大经济和地缘政治危机的主要因素。这也是本书开篇着眼于纳米化和石油钻井的原因之一。 如果能够用远见力来应对能源问题的挑战，我们将有无数种方式来改造世界，使地球成为一个更适宜生存的地方。这些方法独具创意又标本兼治，可以从本质上杜绝灾难性的未来。

在第 5 章，我们将考察远见力如何看待石油和其他化石燃料的未来及影响。但不管是使用石油或是风能，煤或是生物燃料，核能或是纳米材料，最大的能源问题是：我们问错了问题。能源的核心问题不是应该使用什么燃料，而是应该如何使用燃料。

答案是智能化。远见力解决能源成本上升的办法是通过提升程序本身的智能化来变革我们对燃料的使用。

简单回顾上一章所提到的科技进步的八大路径，对其中任一路径进行深入研究，都能一窥可见的未来。然而，路径 4 的产品智能化，可能是最生动的例子，让我们看到在接下来的数年里，科技将显著地变革一切。

智能化带来的成本下降速度比能源成本的上升速度还要迅速，并且成本还在继续下降。这一点是肯定的，因为这就是硬趋势：它是运算处理能力、存储容量和带宽增加三大数字化油门的直接结果。只要我们设计出新的方法，将智能化与任何使用石油燃料的工具、系统或车辆进行整合，智能化成本的下降就会抵消燃料成本的上升，这有助于提升燃料的使用效率。

事实上，我们已经见证了这一过程。20 世纪 70 年代的石油危机让我们节衣缩食。我们是怎么解决的？首先是燃油喷射：我们将计算机与内燃发动机进行整合，并在此过程中引入智能化。燃油喷射对单位燃料的使用效率和整体燃油消耗都产生了巨大的影响。同时，科技的发展使我们能够从那些被认为已经枯竭的老旧油井里开采更多的石油。数据挖掘和虚拟化／仿真建模，以及新的钻井技术（例如，不仅能垂直钻取，还能从侧面钻取）的大大提高，也让我们得以开发出全新的检测、获得和提取石油的方法。

当然，这只是对智能化未来的一瞥，三大数字化油门正呈直线向未来推进。随着在使用石油燃料的系统中加入更多的智能化，未来将更经济，更能抑制能源成本的上升。

与此同时，随着智能化的成本继续下降，智能的智能化（即嵌入式智能产品日益复杂，性能日益强大）以近乎垂直的曲线上升。今天被认为是"智能混凝土"的东西拿到十年后看，只不过是一种低级技术，而十年后的高级技术拿到现在看，也绝对让人匪夷所思。举例来说，在前面的章节中我们谈到了智能停车场，但是与更智能的街道、交通信号灯这些能传递实时数据的创新相比，智能停车场无论是在经济效益还是生态效益上都显得苍白无力。

从现在的情况来看，比起在高速公路上正常行驶的油耗，我们在交通拥堵中消耗的燃料更多。而通过在混凝土中嵌入传感器和微型芯片，我们可以建成智能十字路口，它能获悉任意时点的交通流量状况，并且将这些信息传递给交通信号灯以及车载导航系统。另外，如果汽车轮胎的气压能达到最佳状态，我们就可以节省数百万桶石油。智能轮胎这时就能够告知我们轮胎不充满气将会浪费多少钱。而更智能的轮胎还能边跑边充气，这就更有助于节省能源了。

传递意味着路径 5 网络化和路径 6 互动化。事实上，未来的智能化创新将用到所有这八个路径，而不仅仅是产品智能化这一条。这也意味着利用三大数字化油门的智能化力量来变革我们的基础设施。

智能化基础设施的影响不仅在于燃料节约，它还意味着挽救生命。如果我们能够建立智能桥梁，它们就能够告诉我们目前的承重情况，以及再增加多少重量将会崩垮。我们也可以修建能够发出决堤警报的智能堤坝，以及其他类似的基础设施。实际上，现在的技术能力已经能够做到。这些绝不是白日梦，它们正在酝酿中，并将在不久成为现实。

在未来，我们将把智能化应用于任何一种使用能源的设备上。比如智能化房子，它了解你的习惯、日程安排，以及分时段计量的电力成本。于是它能以最经济和最优化的方式调整屋内的温度、照明等耗能功能。还有能够根据地形、区域和驾驶类型使用相应燃料的智能汽车。智能化将推动我们步入多能源的未来，让我们的工具知道在不同的时候使用不同的燃料，从而获得最优效率和生产力。

目前，65%的美国工业耗能被用于运转电动机。这些电动机绝大部分是以单一速度运行的。这就像是只用刹车改变速度来驾驶汽车。如果这些电动机都配备可以控制速度的智能驱动单元来匹配所要求的输出，那么将节约30%的耗能，绝对会极大地降低生产所需的电力，减少产生的温室气体。

戴尔·摩根告诉我，在他的最新专利中，纳米化的设计方法可以使燃料的使用更加智能化。

如果想拥有智能家居、办公室和智能电站，我们还需要有智能传输系统、智能电网。否则，一切都运转不起来。这意味着智能电网也势在必行。

我们可以将这种远见力应用于工业的其他领域，例如食品供应。人类与大地的关系，可以说是人类文明史的重要脉络。我们虽然号称已经走入"后农业时代"，但是这并不表示与大地的原始联结就不再重要。想想2008年初发生的国际粮食骚乱，农业问题永远不会过时。我们永远都要耕种粮食，就像我们总是会呼吸、欢笑和爱一样。这是人类天性的一部分。

　　然而，变革之际，我们需要彻底改造农业，就像我们对待燃料使用一样，我们需要智能化农业。在我 1990 年出版的《农业进展》（*Advances in Agriculture*）中曾预言 90 年代将使用 GPS 来精准地犁出直线，并且在新世纪的第二个十年，农民将充分利用智能拖拉机，把具有无线发射器和纳米技术的生物可降解传感器洒进田里，通过电脑读取哪里有虫害，哪里缺少水分，哪些部分需要多施些磷肥。这样，10 万英亩的农田不再需要采用同一种耕作方式，而是做到因地制宜。[4]

　　如今 GPS 已是家常便饭，拖拉机也能够自动驾驶，无线传感器技术正迅速成为现实。有了这种更智能的农业，我们可以确切地知道何时何地有虫害，精确地划分区域，而不是在整块地上喷洒杀虫剂。对于这些应用，我们将使用按照植物和昆虫进行分类的杀虫剂，使它们对于环境更加有机并降低毒性。想象一下，这可以节省多少精力、时间和金钱，还能减少对环境的负面影响。

　　在土壤中植入传感器会使作物变得智能，它会告诉我们什么时候庄稼缺水、哪些庄稼缺水、缺多少水。这样，我们就可以计算出缺水的那部分作物需要多少水，什么时候需要水，而不是耗费巨大的经济和生态成本把整条河的水都灌进田地里。我们如何知道？传感器会告诉我们。就像燃油的成本上升，用水的成本也在上升，但智能化的成本正在下降，靠智能灌溉将影响农业中的经济革命。

智能医疗保健

　　在本·德基（Ben Durkee）博士的孩提时期我就认识了他。我曾经雇他来帮草坪耙掉树叶。长大后，他学会了用远见力来塑造自己的未来。在学医期间，他攻读了两个博士学位。作为威斯康星大学一名 26 岁的三年级研究生，他获得了芝加哥一项创新挑战的第一名。他与研究伙伴马修·克里斯滕森（Matthew Christensen）合作，共同研制了两颗神奇药丸。这两种药对治疗结肠癌有很大帮助，它们能够帮助预防，而不是治疗。

第一种药含有生物标记物和荧光分子。当它穿过肠胃系统，生物标记物会寻找、探测和定位肠道中的癌细胞。第二种药使用光信号来跟踪荧光分子，将其位置传送到读取数据的外部微电子平板电脑上。

从本质上讲，本和马修创造了一种虚拟结肠镜检查技术，从而更容易检测肠息肉和癌变。运用远见力，很容易看出用不了多久，就会有他们这样的高手，发明出虚拟切片检查技术。

这个发明影响重大。大肠癌致死是美国癌症致死的第二大原因。每九分钟就有一个美国人因为这种疾病而死亡。每年 48000 例死亡案例中，有多达 90% 是可以通过早期检测发现并预防的。但有一个问题：结肠镜检查极为不适。想象一下，现在有了这个智能技术，不仅能救命，还能节省医疗成本。

就像能源和农业一样，医疗保健行业也一直饱受成本暴涨之苦。而控制成本的关键之一，就是利用三大数字化油门带来的垂直向上曲线，带动技术的彻底变革，以及利用智能化带来的成本不断下降。

本和马修的癌症检测胶囊就是很好的例子，一旦医疗实现了智能化和去物质化，就能减小创伤，让治疗更高效，同时挽救更多的生命，节省大量的金钱。以前我们需要打开胸部才能做心脏搭桥手术，现在我们用几个纤细的探针内镜就能做到。"达芬奇"机器人外科手术系统可以让我们做微创前列腺手术。

还记得在第 1 章中，我们练习作为一名发明者，针对婴儿潮的新型商业展开头脑风暴。现在让我们再练习一次。臀骨骨折是老年人面临的主要健康问题之一。在美国，25% 的老年人都存在慢性平衡障碍，导致每年有 30 万老年人臀骨骨折，而其中近 40% 的患者在接下来的一年之内死亡。事实上，在 85 岁以上老年人中，跌倒造成的意外是死亡的主要原因。根据人口统计学的数据，我们可以知道婴儿潮这一代即将步入老龄阶段。所以，我们该怎么办呢？

如果将智能化应用于鞋内或用于研发能够监控和调整平衡的鞋类会怎么样呢？这种技术已经存在，最初是用来帮助宇航员在月球上行走的。那么，是否能将这一技术应用到老年人的鞋子上？

事实上，已经有人付诸实践——iShoe。该设备分析整个鞋垫的压力分布，并通过电脑读取，让医生可以诊断平衡问题。如果在穿戴者运动时检测到不平衡，鞋垫会产生触觉刺激来纠正这种不平衡。如果穿戴者跌倒，该鞋可提供自动报警紧急服务。[5]

智能化为医疗保健业带来了令人瞩目的影响。利用信息处理材料，我们可以创造出智能床，它能够读取你的体温和心率。同样，有人已经做出了非常类似的东西，一件叫作 LifeShirt 的智能服装，它轻便如汗衫，却能够 24 小时收集穿用者的运动、呼吸、姿势和活动水平等数据；这套系统还能够收集血液的氧含量、脑电波活动、呼出的二氧化碳和更多其他信息。（据估计，这套系统能够在未来二十五年为医院节省 2000 亿美元。）而在日本，已经开发出一种智能马桶。它能够识别使用者，并对尿液或粪便进行采样。如果你的血糖水平异常，它会提醒你的医生。

在 80 年代初，我曾在医学领域展开过远见力预测，并与医生们分享了如果 X 射线数字化，他们将会看到怎样的变革型变化。当数字技术摆脱胶片（去物质化），使用 X 光检查的过程就不仅仅是获得发展，而是发生变革。有了数字化 X 射线，我们就能够看到之前看不到的东西，并对这些信息进行对比和操作。而且，由于数字文件传送便捷，X 射线中的信息将得到释放，使突破地域限制成为可能，供世界各地的专家即时讨论。

这在过去十年间已经成为现实。在《世界是平的》一书中，托马斯·弗里德曼提到过外包 X 射线。远在印度的医生在办公时间诊断 X

射线（这时正是美国的夜间），等美国的医生早上来到办公室，分析结果已经出来了。

X 射线只是其中一例。三大数字化油门的不断加速，将医疗领域的各个方面从以往的束缚中解放出来。想象一下这样的场景：

凌晨时候，你突然惊醒，呼吸吃力，皮肤感觉到了夜晚湿冷的空气。你瞥一眼时钟，显示的是 3：10。是什么让你突然醒来，你的胸腔抽动着，很痛苦。伴随着痛苦，你被窒息般的恐惧控制：难道我心脏病发作了？

你告诉自己要冷静下来。你可以穿上衣服，钻进车里，经过 30 分钟的路程来到急诊室挂号、候诊，然后分诊护士会告诉你这是心脏病发作，需要尽快看医生。但如果这只是心痛呢？你是该耐心等待半个小时，看是否会平复下来吗？假如真的是心脏有问题呢？耐心等待却让你步入死亡。你到底应该怎么做？

你可以使用语音控制，打开高清媒体中心，转到虚拟医院的频道。通过浏览区域名单，找到合适的医院，并在屏幕上找到"爱布鲁克医院虚拟急诊室"。

一名护士会出现在屏幕上，说："这里是爱布鲁克医院虚拟急诊室，我们能验证您的生物识别信息吗？"这时，你只要说"可以"，而不用到虚拟挂号处填写一系列电子表格。（填写虚拟形式的表格和填写纸质表格一样烦琐。）

这样，高清媒体中心的嵌入式摄像头会采用面部识别和快速扫描来对你进行识别，你的医疗记录就被立即送到了爱布鲁克医院：他们知道你的完整病史、药物过敏和其他信息。不到五秒钟，护士就会回到屏幕问你发生了什么。

你告诉她："我心悸，气短。我担心自己可能是心脏病发作。"

"了解。"她说，"拿出你的医疗传感器，把红色生物传感器夹在你的食指上。然后，取出黄色的传感器放在你的胸部。我们要测量你的心电图、脉搏、体温、血压和血氧水平。"

十秒钟后，你的生命体征已全部被记录、读取和解释。她抬头微笑问道："你晚饭吃了什么？"你告诉了她。"还好你没来医院，"她说，"这不是心脏病。没准只是消化不良。"

这一过程中你节省了什么？时间、压力、担心和医务人员的时间。美国每年有 100 多万急诊病例，乘上你在这一过程中省下的时间，结果将会多么惊人。

急诊室费用一直是美国医院系统的巨大经济黑洞。急诊室（ER）如黄金时段的电视剧高潮迭起，然而大多数去 ER 的人并非必要。在美国，有一半以上的急诊被判断为不必要的，即便如此，还是有很多人通过这一最昂贵的方式来获得常规治疗。据一份报告估计，美国每年在不必要的急诊和就医上花费的总成本将近 310 亿美元。[6] 这笔钱如同被医院的厕所冲掉，而远程和虚拟诊断的智能化应用可以使我们节省其中很大一部分开支。

下面是我们在不久的将来会看到的部分医疗保健工具和技术：

· 远程诊断

· 远程监控

· 虚拟医院

· 无线远程医疗

· 身体部位重新长出

· 深入基因筛查

· 实证（智能驱动的互动型）医学

· 结果导向型（非治疗导向型）经费资助

· 电子化病人选择

·电子化辅助生活

·电子化疾病管理

·电子化健康档案

预防性医疗保健

然而，减少医疗保健支出的真正挑战不是医疗工具的属性、治疗过程或是医疗保险制度结构，它与我们的思维有关。究其根源，医疗保健的危机正如能源行业、汽车行业以及唱片业的危机一样：我们正迈向未来，眼睛却只盯着后视镜。医疗保健行业的危机并不真的是成本的问题， 医院系统的成本不过是一种病征，而不是疾病本身。医疗保健持续受到全国关注，就如同对于能源的关注一样，我们都问错了问题。问题错了，你能得到的也不过是错误的答案。

关于医疗保健的争论通常围绕这样的问题来展开："谁来买单？"而实际上，我们应该问的是："是否物有所值？"答案用一句话来总结就是见微知著。我们需要预防性的保健方式，尽可能多地在健康问题爆发前就防治住。

我们现在的保健方式是故障修复模式：受伤了才进医院，让医生医治。但是，考虑一下这一事实：一个人在医疗保健方面的花费，有 95％ 用在人生的最后五年中。随着 7800 万婴儿潮一代的人进入七八十岁，这一模式将会崩溃，除非我们首先转变它。

举个例子，我有个叔叔已经 70 岁了，五年前他经历了一次医疗急救。当地的所有医院都没有空余房间给他，只能让他在救济院等候。当时他急需手术，但仍然等了好几天才轮到他，因为他没有在医院进行健康观察。这是我叔叔辈们的经历。当婴儿潮出生的人到了那个年龄段又会怎么样呢？

传统的以对抗疗法为主的故障修复模式是医疗保健行业中的"石

油"：我们眼睁睁看着它成本飙升，并尝试着寻找支付得起的办法，最终的答案却是，我们负担不起，而且谁也无法负担。我们必须改变这种模式。

本·德基研制的癌症检测胶囊，其优越性在于能够检测到早期癌症，也就意味着能够预防癌症。我们需要的就是在各种疾病产生之前进行预防，而不是事后处理。而只有及早发现疾病，才能进行预防。换句话说，我们需要医疗远见力，我们需要将远见力应用到医疗保健中。

当然，对于预防的讨论已经持续了很多年，并且公众对于养生的概念也已经有了根本性的转变。到目前为止，养生已经发展成为与主流医疗保健相对的一种模式。但这个观念到未来势必要改变，不变不行。因为在今天，养生仍是个人选择。未来它将不再是一种奢侈服务，它会成为核心策略。

过去，我们根本无法做到这一点，因为没有足够的信息去获知摆在我们面前的是什么样的健康问题。如今，我们已经绘制出了人类基因图谱，并不断地显著改进了已有的相关知识，上述问题也不复存在。硬趋势告诉我们，我们将计划和预测健康和疾病的发展趋势，并且这种能力将以更快的速度继续增长。

这不仅仅是对医疗保健系统的变革，也是对人寿保险产业的变革。现在，我们使用基于历史信息的表格来计算保费。换句话说，决定保险费率的方式是后视镜法。人寿保险是一场盘算后的赌局。

例如，是否吸烟影响保险费率。但有些人抽了一辈子烟也不会得癌症，而另一些抽烟的人在四十多岁就死于肺癌。是什么造成了这一区别？遗传学。就好像有些人虽然喝酒，但不会酗酒，而另一些人就会嗜酒成瘾。是什么造成了这一区别？遗传学。

那么，有没有一种方法，只做一个简单的血液测试就能告诉你遗传了什么疾病呢？答案是肯定的。目前，至少有两家公司能够提供这一服务，但你需要花费 1000 美元。他们甚至会找出你的祖先来自何方。而这些不过是对医学高峰的管窥蠡测。2008 年 1 月，一位名叫丹·斯托谢思科（Dan Stoicescu）的退休生物技术企业家砸下 35 万美元重金，成为剑桥一家名为柯诺密（Knome）的公司的第一位付费客户。柯诺密将为斯托谢思科提供其全部遗传密码大约 60 亿个化学单位的全面解析序列。斯托谢思科不是第一个买下自己完整遗传图谱的人，詹姆斯·沃森（James Watson）——DNA 的共同发现者，早一年完成了基因组测序，这得益于一家公司为了支持其技术而捐赠的 150 万美元。[7]

各位应该注意到了成本在不断降低：不到一年的时间，成本由 150 万美元降到了 35 万美元。因此很容易预测，价格会从几十万到几千再到几百，并最终降低到几乎为零。石油的成本可能会不断上升，但信息化的成本会直线下降到零。

现在，寿险代理人不用再赌我的生死，而是作为生活方式咨询师而存在。他将成为一个健康保证代理人，为确保我长久健康地生活提供帮助。（只要我还活着，就由我来买单。但如果我死了，他们就需要付钱。这样，他们肯定希望我活下去。）

埃森哲已经开发出一种多媒体信息站，它配备视频屏幕和键盘以供输入，你只要简短地回答一系列关于饮食、运动、生活方式的问题，如你是否吸烟等。屏幕将就这些答案模拟出你二十年后的长相。更改任何一个问题的答案，都可以看到这一改变对你二十年后的样子产生的影响，也许是正面的，也许是负面的。

"你抽烟吗？"如果回答是肯定的，那么，你会看到更多的皱纹，屏幕里可能是一个脸色灰白的人盯着你。如果答案为否定，这张脸在肤色和整体活力上与吸烟的脸的差别将让你目瞪口呆。它生动地展示了不久的未来，并带有强大的情感冲击力。

养成健康的生活习惯，最大障碍是你看不到未来的各种可能。当然，我们大概知道，吸烟和吃垃圾食品都将对健康产生一定的影响。

但是，直到埃森哲展示亭模拟出你的未来面相之前，这些都只是抽象层面的认识。当然，人们也可能提升认识，意识到肥胖的风险。但是，这并不表明他们看到了未来，那只能说明他们看到了可见的现在。我们需要看到的是今天的选择对未来的影响。

自我保健

保健模式从紧急补救向技术辅助预防的转变，将会对医疗保健行业产生巨大的影响，因为它将重点从医生转向了患者。

同其他行业一样，医疗保健行业面临的最大挑战之一就是从业者的流失。大量医生和护士都将步入退休。随着 7800 万婴儿潮一代走向自己的古稀之年，我们正在失去大量医护工作人员。

但要注意：这一过程中有硬趋势，也有软趋势。婴儿潮一代老龄化将产生越来越多的医疗需求，这是硬趋势。而大量的医生和护士要退休，这是软趋势。软趋势是根据目前的状况来看有可能发生的事情，甚至只是发生概率很小的事情，而非绝对。有了远见力，我们就可以改变这种概率很小的未来。医护从业人员会供不应求，但是有一种人数量将大增，那就是退休人员。那么，我们就有了一个解决的方案，那就是退休再就业。

过去，你从公司退休，再活个五年、十年，然后寿终正寝。现在，你有机会退休后再工作十年、二十年、三十年，并增加一些额外收入。而且，你不一定要做回退休前的老本行或是付出同样的努力。有成千上万的人，比如那些在广告、营销、销售岗位上工作了一辈子的人，希望继续使用自己的技能，但又不想从事以前的行业。那么，就让我们吸引一些人为变革中的医疗保健系统出力吧。

他们可以只是兼职，也可以在家工作。一个退休的护士，或是培训后新上岗的护士，可以根据自己的时间表在家庭电脑上回答病人的问题，就像现在的捷蓝航空预订员一样。

你可以看到这种转变趋势：越来越多的医疗保健服务将更依赖于病人本身。或者换一种说法，每个公民将成为医疗服务体系的一部分。糖尿病患者已经知道该如何自我诊断和自行服用药物。根据不同的药物，有不同的标准做法。为什么不把这种模式应用于所有人呢？

事实上，几十年来我们一直在朝着这个方向努力。20 世纪五六十年代，患者希望家庭医生能告诉他们该怎么做。今天，人们根据自己的症状在互联网上搜索，甚至比医生更了解最新的治疗方法。三大数字化油门和八个变革路径将会超乎想象地加速这种趋势。

问题是，就实际治疗疾病来说，尖端技术进入医疗界的速度很快，但在涉及医院管理和医疗保健系统时，尖端技术的进入却非常缓慢。医疗保健领域的诊疗技术和管理系统（包括供应链、输送系统到结算和保险的每个方面）之间存在着巨大的差距。

在这方面，现代医院与四大音乐公司以及三大汽车制造商的处境非常相似。医生们在手术室中致力于最前沿的技术，但他们工作的环境却由如同来自黑暗时代的系统来组织和管理。同样道理，通用汽车公司有着非常先进的工程设计和原型系统，却无法挽救销售颓势，因为它的组织流程和整体思维仍然是被动的，并且以过去的经验为主。

只要你在亚马逊下订单，他们就记住了你的信用卡号码，并记录了你历史订单中的所有送货地址。试想一下，如果我们在医院也能有同样的体验。当你通过联邦快递在世界任何地方发出包裹，你都可以在网上查看包裹递送情况。如果我们能够跟踪记录包裹的状态，难道不能跟踪记录病人的状态吗？

美国医疗保健行业还在采用古老如拜占庭式的方法来处理患者信息。你去看医生的第一件事是什么？填表，然后是漫长的等待。无论你预约的时间是几点，从来没有准时过。

为什么不能引入先进的信息处理方式呢？为什么不能在看诊前一

天的晚上在网上提交所有信息呢？为什么医生不能在你出现在办公室门口的那一刻就立即知道你的姓名、你的病历、你来就诊的原因呢？

　　每当我打电话给航空公司飞行常客热线电话时，他们的接线员会说："你好，伯勒斯先生。" 在我说话之前，他们已经知道我是谁了。因为他们的智能电话系统与智能数据系统互联，而智能数据系统能告诉他们我是谁。为什么医生的办公室不能做到这一点？他们当然能够做到，只是他们没有做。

　　然而，后知后觉如他们，即便是陈腐的医疗机构也无法阻挡技术变革的急流。到了现存医疗机构不得不作出改变的时候了，我们会看到这些机构将自发地超越滞后衰老的系统，在这个市场中引入创新。

　　在加拿大，医疗系统正在竭力将所有病人的病历集成到一个中央数据库。截至 2010 年，只有 20% 的美国患者信息有电脑记录，但是这个数字将迅速增加。想象一下这样的场景：

> 　　你走在街上，遇到了一个事故现场，有一个人躺在路边昏迷不醒。你打开手机，把他的手指放在手机屏幕上（或者做一个视网膜扫描，或其他任何生物识别技术），在几秒钟内，你的手机就能识别他。在你得到信息之前，你也把自己的手指按在手机上，医疗信息库就能立即识别你。但是因为你不是医生或护士，无法获得这个人的全部医疗记录。但是，系统记录了你接受过心肺复苏（CPR）方面的课程，所以它在你的手机上用流视频指导你帮这个人进行心肺复苏。

　　那么，为什么现在还没有实现这一场景？这取决于如何管理健康信息。数字化油门创造了惊人的机会来改变我们管理信息的方式。不断增加的存储容量意味着能够保存所有的记录；不断提高的处理能力，意味着可以迅速交流医疗数据，做到无缝即时连接，并且让使用者能够根据指示采取行动； 不断增加的带宽意味着可以在需要的时候，利用无线通道把流程虚拟化，随时随地通过高清视频会议获取专业解释。

健康信息是一个巨大的商机，洞悉未来变革奥秘的企业，将会成为转型的推手。早期的开拓者，如 iMedix、Web MD 和"健康革命"已经抓住这种领先优势。那些努力夺取制高点的企业将在这个过程中获得成功，就像苹果发明了 iPod。

欢迎进入 Web 3.0

本章我们一直将探索能源、农业和医疗保健的未来作为例子来理解数字技术发展曲线垂直上升的情况下，我们的世界将要发生的每一种变革。我们也可以选择其他领域的例子，因为科技狂潮将席卷一切。但是如不讨论互联网这个我们投入时间越来越多的工具，对于科技进步的讨论将是不完整的。

迄今为止，万维网已历经两次基本迭代。第一代发生在 90 年代末，表现为网络只能用平面、一维的方式显示用关键字搜索到的信息。基本上它是人类与计算机的交互，但这种情况很快就发生了改变。谷歌目前打算将世界上所有的书籍数字化，并使这些数字化书籍能通过搜索进行访问，这是 Web 1.0 的高级形式。

互联网的第二代：Web 2.0，最大特点是用户到用户这一维度的内容共享。对等网络被 Napster 公司应用于向大众提供音乐文件共享。从那时起，我们看到世界各地热情的业余爱好者共同努力，分类、发布、贡献海量内容，造就了集体百科全书——维基百科。思想共享工具如博客、Twitter，个性共享网站如 MySpace 和 Facebook，照片分享网站如 Flickr，以及视频共享网站如 YouTube，是 Web 2.0 时代内容共享的例子，它们引发了社交网络的概念。

得益于 XML 的基础技术，机器通过网络实现了交互，应用程序和个人得以彼此分享数据。例如，企业或个人能在谷歌地图上共享其定位数据。

Web 2.0 创造了迥异于 Web 1.0 的全新体验，但是这一切也将成为过去。Web 2.0 已经成为旧闻，未来是属于 Web 3.0 的。

Web 3.0 的特点是它将创造一种身临其境的环境。在这个新的互联网结构中，你不是使用网络，而是进入了网络。早期互联网体验的本质是信息搜索和检索，Web 2.0 则全部是关于互动和沟通，Web 3.0 的主要重点将是沉浸和多维体验。现在，我们说在网络上寻找信息，未来这一语言将改变，我们会说进入网络学习和交流。

网络的迭代：1.0—3.0

迭代	关键活动	体验
Web 1.0	搜索	访问信息
Web 2.0	内容分享	社交网络
Web 3.0	沉浸	3D 体验

自 2000 年以来，我就一直在我的主题讲座中展示一个早期 3D 网络浏览器的原型，向观众展现使用这一浏览器，就像踏入内部空间，在身临其境的环境中购物，还能享受客户服务。

当你点击这个网站，就像是走进一个房间，周围是各种不同类型的网站信息。向右转，墙壁上是直播新闻，有 CNN、《今日美国》、《纽约时报》、《华尔街日报》、NPR、BBC，无论你喜爱什么新闻网站，它都有，并且能同时打开。在你的左边，有你正在处理的最新项目。在你身后，是你下次旅行的行程、你的银行和投资信息，乃至所有你想时时查阅的信息。

在使用过程中，你会感觉自己就像在一个虚拟环境中移动。我们可以进入建筑物，走进电梯，上升一个楼层，看到一个完全不同的房间，不管是外观还是行为，就和真实商场一样。我们走过大厅，左边有一家保时捷汽车经销店。"等一下！"你说，"商场不会有汽车商的展示厅！"真实的商场中确实没有，但在虚拟的商场，为什么不呢？走近汽车模型，你可以打开车门看看汽车内部，打开杂物箱，检查后座，看看有多宽敞。你还可以打开后备箱，把高尔夫球杆放进去，看看空间够不够。实际上，你还可以发动汽车，听听它的声音，甚至进行虚拟试车。而这一切都是在高清的环境下进行的。

这样的体验将是变革性的，不仅就其本身而言，还包括与现实世界中对应的事务相结合。

现在，假设你和我一起去参加一个大型贸易展，在这个展览会上展示的是你所在行业的最新技术。来自世界各地的大供应商都会展示他们最新、最杰出的发明。尽管我们在那逛了好几天了，每天早出晚归，仍然无法将所有摊位和展示看完。我去过的最新技术商展，将整个城市街区都排满了。怎么才能把所有的展位都看完？这是不可能的。但是，现在让我们把它变成可能。

会议结束时，大家都打包回家。如果我们将整个展会都变成 3D 虚拟展会呢？展会中心存档的 CAD（计算机辅助设计）制图文件可以立即重现这栋建筑的 3D 图，仅需要图形专家校正用于指示的颜色，以及让供应商添加他们的虚拟化产品。很快你就能完全身临其境地参加贸易展了。这样，即使我们回家了，展会还在那，并且永远不会结束！你可以点击任何一个摊位，并随时随地与展位的销售员进行视频会议。顺便说一句，展销商仍需要支付一定的费用，尽管只是原来成本的一小部分。于是，我们看到的不再是一次为期三天的贸易展销会，你可以全年十二个月不间断地参观所有你感兴趣的展位。

在我们将使用的大多数 3D 环境中，你能身临其境，总览所有的空间。或者，另一种情况下，你会看到自己行走在虚拟空间。当然，行走在 3D 场景中的并不是真正的你，而是你的化身，是你在虚拟环境中的网络代言人。林登实验室（Linden Lab）的第二人生（Second Life）就是这种情况的早期版本。在那里，数百万注册玩家选择一个角色代表自己，并通过这些化身与其他人交流、买土地、建房子并开展业务。还有一个例子是非常受欢迎的即时在线角色扮演类电脑游戏，如魔兽世界。

由于三大数字化油门合力，在未来几年，我们将在网上看到这种立体体验得到普及。

欢迎进入 Web 4.0：超级智能电子代理

如果 Web 3.0 代表的是未来，那么在它之上网络还会如何发展呢？那就是 Web 4.0，在线体验将进一步变革我们做事的方式。Web 4.0 的本质在于，我们不必去搜索想要的东西，它会主动出现。

网络的迭代：1.0—4.0

迭代	关键活动	体验
Web 1.0	搜索	访问信息
Web 2.0	内容共享	社交网络
Web 3.0	沉浸	3D 体验
Web 4.0	智能化	个人助理

人工智能的进步创造了智能搜索，它能学习我们的参数和喜好，定制个性化功能，使我们的自动搜索更具相关性和有用性。由于被称为超级智能电子代理的新兴技术的出现，不久我们将使用这一强大的新工具来为我们处理大量基于网络的工作。

因为它们存在于互联网上，你可以在任何地方访问你的电子代理，无论你身在何处或使用何种设备。我们可能会首先通过笔记本电脑和

PC 来使用它们，但很快，载体会跨越到手机。

只有你才能访问自己的个人电子代理。你可以使用两种形式的生物特征识别来验证身份，如声音和脸，或声音和指纹。

你也可以选择不同类型的插件代理功能。例如，理财师可以提供代理插件模块来帮助你理财。如果你有自己的旅行代理，他也可能会提供一个插件，让你获得高度定制化的独特旅游咨询服务。健身房的教练可能会提供一个虚拟的教练插件和你一起训练。插件的种类是无穷无尽的。

职业心理学家将提供插件模块来引导患者渡过艰难处境。职业顾问将提供插件模块，帮助你思考职业转型，指导你作出职业道路的决策，并给你提供最好的资源。

你很可能有一个交流频繁的主要电子代理，另外还有其他的电子代理。这样，无论在家里还是在工作中，它们都能给你提供帮助。组织电子代理将为业务流程执行任务，个人电子代理将为单个用户执行任务。随着时间的推移，企业和个人会将基本职责委托给高度智能化的电子代理。

逐渐认识你

每次使用电子代理，它都会使用神经网络技术更多地了解你。这是它的重要功能。例如，亚马逊允许通过跟踪历史搜索和购买记录建立你的喜好文档，现在甚至能够针对不同的人做一些相关推荐。时间越长，亚马逊就能越了解你，为你提供更好的推荐。苹果的 iTunes 商店也有类似的功能，叫作"Genius"，它根据你喜好的音乐、电影和电视节目做一些类似推荐，甚至还可以通过点击创建播放列表和组合。

你的超级智能电子代理会把这一功能提升到一个全新的水平。想象一下，当你打开与网络连接的电视机，首先弹出电子代理，它会询问你的心情和想观看的内容。比方说，你想看一部新的冒险电影。电子代理会推荐一部当下热门的电影（故事的背景设定在未来，因为它根据你的观看记录进行了选择）。它会推荐你最喜欢的演员和导演的电影，以及你最喜欢的那类情节曲折的电影。或者如果你想要观看一些新鲜不同、和平常选择彻底不同的东西，那么你的电子代理也能很容易为你实现。

播放电影之前，电子代理可能会说："你一直想购买一艘帆船，我已经发现了几款合适的帆船。你想看一下船的资料吗？还是等一下再看呢？"

电子代理会监控你的完整健康数据，提醒你吃药，提醒你正在服用的新处方潜在的过敏反应，帮助你选择食谱，指导你完成最佳锻炼。

那么，谁具有资格提供这种医疗电子代理插件模块呢？当然是你的健康值得交付的人：医生。随着世界越来越复杂，能够获得的信息越来越多，我们将会向最值得信赖的专业人士寻求指导和帮助。相比过去，在未来，信任甚至会更重要。这些专业人士也会越来越多地让高度智能化的电子代理来帮助他们处理任务。

对于许多人来说，电子代理将成为朋友，倾听并帮助他们解决各种小问题，还能给予富有同情的回应，并找出有用的资源。它们将是很棒的"听众"，只在必要的时候用最有效的方式回应。

电子代理是什么样子的？

电子代理的外形和声音将取决于你，你甚至可以给它设定个性。大多数将租用公众人物形象作为个人电子代理。例如，如果你想让个人电子代理幽默一些，你可能会付出几毛钱租一个相声演员的个性。有些人可能偏好动作明星或流行音乐明星。这将为公众人物创造全新的收入来源，这也意味着将有多种可供选择的电子代理。

迪士尼和皮克斯会推出卡通人物形象的电子代理来作为孩子们的

教练、导师。你的孩子可以选择卡通电子代理（你可以设置参数来屏蔽不喜欢的内容）。

作为一名导师，电子代理会提醒孩子使用电脑的时间太长（由父母决定时间长度）："你盯着屏幕的时间太长了，应该花点时间在现实社会中做点事情，去外面和几个朋友一起玩吧。"

作为一名课程教练，电子代理可以用一种寓教于乐的方式测试孩子的拼写、标点、语法、数学、历史等课程的学习程度。它还具有提醒孩子与朋友约会的时间、音乐课的时间、家庭作业还没完成这一类的功能。

私人管家

想象一下把电子代理作为一个私人管家。无论在什么领域，你都能从人类代理人、顾问或教练那受益匪浅，今后你将找到这些人类顾问的电子版虚拟助手，它们会帮助你保持正常轨道的生活。当你早晨醒来访问网络电视、电脑、手机或是使用任何一种设备，电子代理会跟你打招呼。它可能会说："从你的日程来看，下午要飞往西雅图，那边将会有降雨，不要忘记带雨伞。你预定的航班出现机械故障晚点了，所以我重新预订了航班。昨晚你关注的股票已经下跌到你想要的价位，而且通过访问全球最好的分析师们的报告，我认为可以购买 200 股。不要忘了，今天你要锻炼。"

电子代理也将作为个人研究者和组织者。你不必去谷歌、维基百科或其他信息网站，只要告诉电子代理你需要什么，它会帮你去搜索，而且速度比你快得多。使用电子代理越频繁，它就越能了解你、你的喜好、你要什么。

未来，无论走到哪都有无线网络，因此电子代理将随时随地为你提供服务和帮助。它会提醒你收到电子邮件或语音邮件，并询问你是否要打开（如果是电子邮件，你可以自己阅读或者让它读给你听）。

在过滤垃圾邮件方面，电子代理也将比今天的垃圾邮件过滤器更出色。当你驾车时，它会提示你航班延误并提供替代路线。由于智能停车场的发展，当你进入机场，电子代理会告诉你怎么去最近的车位。

想象一下，你和家人去度假，已经连续开了好几个小时车，饥肠辘辘。因为你的车知道你的确切位置、方向和目标（感谢智能 GPS 导航系统），而且这部车是联网的，你只要对电子代理说你饿了，电子代理会询问每位乘客想吃什么，然后它会根据回答搜索半径十英里范围内每家餐厅的所有电子菜单。很多餐厅已经在网络上张贴了菜单和每日特价，这样能带来更多的业务。电子代理会根据你的饮食喜好和预算提供建议，以及餐厅行车路线。

有时当我谈到这样的发展时，人们会说："这听起来很恐怖，世界上每个人都和机器及人工智能交互，人与人还会交谈吗？"

实际上，情况完全相反。科技越是发展，我们就越需要高频接触。整整一代成年人都曾担心越来越逼真的视频游戏将会使他们的孩子成为反社会、深居简出的自动机器，丧失有意义的人际关系或对社会的敏感度降低。但种种迹象表明，Y 世代的孩子们表现出了相反的迹象：他们更有社会意识，更关注环境和其他社会问题，比以往任何一代都更有创意。

事实上，当我们更深地进入高科技社会，将看到世界变得更加人性化。一个简单的原因是，有一条重要的远见力原则，它支配着数字化变革在现实世界中发挥作用：兼容并包原则。

技术驱动型变革的时代，需要兼容并包的思维

20 世纪 80 年代末，许多未来学家预测 90 年代末办公室将实现无纸化。但我们仍在等待无纸化的到来。90 年代末，专家开始预测，几年之内商场将消失。而现实是，商场仍然存在。

专家预测，亚马逊的巨大成功预示着钢筋水泥的巴诺书店将不复存在。毕竟当购物者可以在网上浏览数百万种图书时，只有数十万种图书的实体店将如何生存下去？然而这些商店依然屹立不倒。为什么？因为你不能走进亚马逊书店，坐在沙发上，点一杯拿铁咖啡，浏览杂志，和其他爱书人交流。

主管、经理以及企业和大众媒体都倾向于对未来的技术变革作出错误假设。每一次推出一种新的产品类别，他们就会认为旧的类别将很快消失。

但是，事实并不如此。最热门的技术新突破并不一定取代旧技术。相反，它们经常和平共处。为什么？因为旧技术具有自身独特的功能优势，新技术并不能完全取代其独特的性能。比如说纸，价格便宜，携带方便，可折叠，并且最重要的是，当计算机出现故障时它不会消失。而数字形式，显然有其强大的功能。现实是新旧两者都要保留。

我们倾向于用或然假设迎接创新，但是这不是一个非此即彼的世界，而是一个共生的世界，纸和无纸化、网络和人、数字和模拟、传统媒体和新媒体共生。

几年前，商业媒体上有过一次大辩论：计算机是仅仅作为一台轻薄的客户端，一台把数据存储在服务器上并从服务器上访问软件的设备；还是会继续充当自给自足的设备，内建软件？答案是可以兼容。问题不在于它会成为何种设备，而是相应的应用程序和情形适用何种形式的设备。对于学校而言，计算机作为一台轻薄的客户端就足够了。因为无论孩子们是在学校还是在家里，他们需要的是轻便的设备，可以供他们访问服务器上的功课、家庭作业和参考工具。这样，即使他们弄丢或弄坏了，更换成本也很低。对于企业用户而言，可能更希望将数据真实地存储在自己的笔记本电脑（或手机）上，而不用依赖无线网络。

或然思维的假设前提是零和博弈。蛋糕的大小是固定的，新兴技术或新兴市场的崛起，必然威胁到已有技术或已有市场。但是，事实并不如此。

例如，图书出版商为电子书的人气恐慌。但是，数字图书的增长并不意味着纸质书会消失。

2000 年，营销大师赛斯·高汀（Seth Godin）写了一本名为《散播创意病毒》（*Unleashing the Idea Virus*）的书。当时他特立独行，决定把整本书免费发布在互联网上，而不仅仅是一个试读页面。在头三个月，这部电子书就获得了超过一亿次的下载量，成为史上最"畅销"的电子图书。

出版商都觉得他疯了，认为这一行为会蚕食实体书的销售利润。毕竟，精装版售价 40 美元。当一本书能够在网上免费获取时，谁还会掏 40 块钱来买呢？但高汀深知这是一个兼容的世界。这本书的精装版甫一出版，就立刻销售一空，成为畅销书。已经有电子版的读者还想要一本纸质版的书，这样他们就能够在上面标记、写笔记，享受纸质图书的触感，并且还能装点书架。

当然，这并不是说已有技术的销量和市场份额将始终保持不变。显然或多或少会分割出去一部分。但新技术和旧技术组合起来兼容并包，能够以惊人的方式把蛋糕做大。

其中的关键点就是整合。这也解释了为什么所有关于无纸化办公的预言都没有实现，因为在创造新技术的同时，我们也在不断整合旧技术。在巴诺书店，如果你要的书没有库存，可以通过店内的自助服务终端订购。人们在网上浏览苹果产品或雷克萨斯汽车，有些人甚至会通过网络购买，但大多数人在浏览之后会亲自去苹果商店或雷克萨斯经销店触摸产品，感受它，看看它的性能，并建立面对面的客服关系才购买。今天，全美国上下的报纸、图书出版商都在恐慌，他们相信网络媒体会将他们淘汰。广播电视网络也是如此。（这部分内容我们将在第 6 章进一步介绍。）但原有的媒体不一定会消失。

使原有技术留存下来并找到新增长点的秘密，就是让这些拥有老技术的组织拥抱新技术，以创造性的方式整合新旧技术。如果一份报纸的印刷版与它的在线版本不同，那么同时保留就是可行的选择。

把握兼容并包原则的秘密，能够释放更多的资源、空间、财富以及能力。

回到 Web 4.0，我们讨论的是超级智能电子代理，兼容并包原则告诉我们，无论电子代理如何精巧好用，它们永远不会取代人际的现场互动。那些能够巧妙地将实时在线帮助融入电子代理的企业，最终将茁壮成长并主导市场。

其实，这种整合你已经在电话语音服务这一简单的平台上体验过了。在按键式"帮助"菜单中，语音提示你："要查看账户，请按 1；更改或更新账户，请按 2。"相信我们对使用语音电话都有一些不快的经验，简单的要求却因为电话语音变成循环往复的菜单选择，到最后什么也没有办成。有些企业则将这项新技术加以改善，并很好地与真人客户服务结合，让客户更容易操作，最后这些企业必能经营有成、基业长青。

未来是不会完全自动化的，它将结合自动帮助和现场帮助。未来不是只有数字、光纤、自动化、自助服务和年轻化，而是数字和模拟、光纤和铜线、自动和手动、自助服务和全方位服务、青年和老年人共存的世界。世事变迁越快，我们就越多地生活在兼容并包的世界。对于想要基业长青、成就繁荣的企业，远见力带来的关键启示，就是不断寻求各种途径来整合新老资源，不断创新。

全新的黄金法则

长久以来，企业秉持的黄金法则是发现并提供客户想要的东西。正所谓"己所不欲，勿施于人"。而今天，如果还在询问顾客想要什么，然后提供给他们，你将错过巨大□□机会，因为顾客的需求永远只是你潜力的一小部分。

我们飞速变化的能力已经让□有的法则失效。如今的顾客无从知道自己所欲为何，因为他们最想□的东西甚至都还未成为现实。顾客不知道自己想要一台 iPod，直到□果递给他们。老年人也不会要一双 iShoe 来帮助他们免于摔倒，因为□们不知道有这样的东西存在。

对于企业而言，新的黄金法□□是：

给予客户目前无法实现而一□实现就会想要拥有的能力。

想要生存和发展，去观察客□即将面临的未来，看看他们未来的硬趋势，看看他们未来的确定性□去发现客户将会面对怎样的问题，在这些问题发生之前就解决。这□，等你的客户遇到这些问题时，你手中就已经有了解决方案。

如果不这样做会有什么后果□你只能出局，科技波浪会将你淹没。技术驱动的转型不会为你等待、□停或任由你观望。疾驰残影，只要一瞬，它就会消失不见。在这个□的时代，有两条重要的真理企业不能忽视，我们可以称之为黄金法则的推论：

1. 只要有可能，必将会实现。
2. 你不去做的，别人就会做。

如果三大汽车制造商不做未来的汽车，丰田就会做——如果丰田不这样做，还有别人会做。如果四大唱片公司不尽快采用 MP3 技术和去物质化的音乐，苹果将会受益匪浅。如果各大电视台不接受交互性、个性化、高带宽的 IPTV，那么别人也就会做。几年之后，也许主要的电视广播公司将不会是 ABC、NBC、CBS 或 Fox，而是 YouTube、微软、谷歌和雅虎。

这样的事情将发生在各个领域。百视通（Blockbuster）在家庭视频租赁业务上的虚拟化速度不够快，于是成就了 Netflix。2008 年的总统大选，希拉里·克林顿（Hillary Clinton）和约翰·麦凯恩（John McCain）的竞选团队都没有把握住网上筹款和基于网络的选民互动，于是给了奥巴马机会。1999 年的时候，雅虎是搜索之王，但是当时雅虎的网络搜索部门却被置于业务的底层，因为雅虎没有看到搜索的价值，于是有了谷歌的崛起。

一只新鱼缸

我还在学校教理化时，和几个学生做了一个实验。我们做了一个热带鱼缸，在中间嵌入一块玻璃，将鱼缸分成两个隔间。在其中一个隔间放入一条捕食鱼，另一个隔间放入一些捕食鱼通常会捕猎和进食的鱼类。开始的几个小时，它疯了似地试图捕猎，但每次都撞到玻璃隔板上，一次又一次。最后，它终于停止了尝试。

然后，我移除了玻璃。所有学生都围在鱼缸边，直勾勾地看着，想看到捕食鱼吞噬它的邻居。

但是，大捕食鱼始终逗留在鱼缸的一侧。

在我们成长的过程中也是这样，不断尝试毫无结果的事情，撞了一鼻子灰，最终学会了停止尝试。但当今世界正在发生的事情是：科技正在消除一切玻璃壁垒。

桥梁断裂前能够发出提示，作物知道适时浇灌自己，人类能提前知道自己会生什么病而加以预防，如果这些都能实现该多好！我们已经学会不去指望这些东西，因为以前从未实现过。但是在这个充满变革和机会的新世界，不可能变成了可能。

不幸的是，我们就像鱼缸中的捕食鱼一样，不知道玻璃隔板已经没有了，甚至都没有去尝试。然而，无论我们知道与否，过去的阻碍已经消失了，加上科技转型的狂潮席卷全世界，生活的每个环节都将彻底改变。从一只鱼缸变成一片汪洋，你准备好去自由遨游了吗？

不管你从事什么职业，你都将面对这个挑战。世界瞬息万变，根本没有什么职业是铁饭碗。如何才能保证找到制高点，生存下来，茁壮成长，不被科技狂潮淹没，还能从中看到机会呢？

答案就是：掌握确定性、洞察先机，脱胎换骨大转型。

▶ ▶ ▶ 行动准则

变化意味着做同样的事情，只是与别人不同。变革意味着做完全不同的事。变化不再是灵丹妙药。无论我们在什么领域，都需要变革，不管我们愿不愿意，每个专业、事业、企业或组织，未来几年势必都会发生戏剧性的质变，被彻底改造。

➤ 回顾第 2 章技术进步的八个路径，问问自己："这些变革将如何影响我的生意？我的生活？我该如何应用这些变革，给我的生活和事业带来创新？"

➤ 问问自己："三大数字化油门对我的生活、事业和客户有什么影响？"

➤ 以能源、农业、医疗保健以及网络（未来的 3D 虚拟环境和超级智能代理）为例，问问自己："怎样才能让自己所在的领域和企业在未来几年成功变革？"

➤ "知道兼容并包原则的重要性之后，怎样找到新的创造性方式在这个行业整合新老技术，以产生更好的结果？"

➤ "怎样把握老客户和潜在客户尚未发觉的需求？"

➤ 起草战略，就销售、营销、沟通、协作和创新进行变革。

➤ 纵观所有这些问题，发现可能性，请记住这一点：你不去做的，别人就会做。

Chapter

4

跳出你面临
的问题

时间回到 1865 年，当时的大英帝国正面临生死存亡的大问题。在蒸汽机的刺激下，史诗般的转变持续了几十年，生产力和生活水准加速提升，使得这一时期被人们称为工业革命。推动这场革命的根源是燃料短缺，也是问题的核心。伟大的英国经济学家威廉姆·斯坦利·杰文斯（William Stanley Jevons）在他最后一本著作中清晰地阐明了该问题。在《煤炭问题》（*The Coal Question*）中，杰文斯进行了彻底的调查和预测，认为英国的煤炭生产能力将很快达到高峰，之后会引起帝国的衰败和瓦解。

"大势不可避免，"杰文斯冷静地写道，"目前这种皆大欢喜的进步是不可持续的。"

历史证明杰文斯是对的，也是错的。就像他预言的，英国煤炭产量在接下来的十年内达到了高峰，但这并无大碍，因为那时工业革命已经学会了如何使用新的燃料，而这曾经被杰文斯反驳为不切实际。1859 年 8 月 27 日，退休火车售票员埃德温·德雷克（Edwin Drake）成功在宾夕法尼亚州泰特斯维尔（Titusville）发现了第一个油井。在《煤炭问题》发表的六年前，引领工业革命到达前所未有高度的石油时代就已经开始了，这一高度是杰文斯和他同时代的人无法想象的。

有趣的是，杰文斯的预测并不是猫王谬误的案例之一。这位经济学家并没有将硬趋势同软趋势混淆。英国的煤炭将耗尽确实是硬趋势，他对于煤炭产能高峰的预测也相当精准。那么，他错在哪里呢？

杰文斯只看到了煤炭的可用性和成本。然而，即使煤炭供应十分便宜，并且取之不尽用之不竭，煤炭这种燃料本身的性质迟早也会使得工业的发展戛然而止。你能想象一台燃煤蒸汽机在高速公路上行驶吗？或是想象从纽约驾驶蒸汽飞机飞往洛杉矶？

这不是解读趋势的方式出了错误，而是解读了错误的趋势。煤炭缺乏不是真正的问题，首要问题是该不该使用煤炭。煤炭问题不是我们需要去解决的问题，而是需要完全跳过的问题。

眼前的问题未必是真问题

我经常和客户进行下面这种练习。

"闭上眼睛，问自己：目前，在我的工作中面临的最大问题是什么？紧闭眼睛，直到你想出答案。"

不约而同地，他们都在几秒钟后就睁开了眼睛。我们最大的问题都在心头，时刻准备跳出来，宣告它们的存在。

你也可以试一下这种练习，为了从练习中获得最大的收益，你需要记下答案。现在，牢牢记住你认为的最大问题，接下来我们要做的就是：跳脱出这个问题。

典型的做法是抓住问题解决问题。这种做法带来的后果是，为了解决问题，你需要花时间去研究它。这往往让你前进的车轮深陷在问题的泥淖中，困在危机模式中无法前行。

远见力提供了不同的路径。与其花费时间直面最大的路障，不如简单地跳过它们。这不是一种哲学上的否定、回避或拖延。它是一种强大的概念上的柔术，使得以前看不见的危机公开化，让我们可以采取果断行动来解决这些问题。

要解决最棘手的问题，关键在于认识到，摆在眼前的并不是我们面临的真正问题，它们可能只是来干扰我们视线的，真正的问题则隐藏在这些错认为的问题之后。跳出你面临的最大问题，就是指走出既有的情状来获得更清晰的视角，这往往会触发远见力，从而带来新机会。比起基于解决原有问题所带来的进步，远见力所带来的新机会和生产力进步将远超你的想象。

以礼来公司（Eli Lilly）为例。作为《财富》500 强公司和标准普尔 500 指数的组成公司之一，礼来公司是世界上最大的医药公司，但他们知道自己并非无懈可击。1992 年，也就是美国内战老兵礼来成立公司的一百多年后，这家给我们带来了胰岛素、青霉素和红霉素的公司，遭受了历史上首次季度亏损。2001 年，礼来面临着最后通牒。当年 8 月，公司独有的抗抑郁药物百优解（Prozac）这一关键专利就要到期。而一直以来，这项专利贡献了年销售额的三分之一，在 2000 年达到 30 亿美元。

礼来公司陷入恐慌。1999 年，明知百优解专利的最后期限临近，它憋足了劲，将研发预算提升了 30%，期望找到下一个热销药物。但是公司的利润连同股价却持续下跌。一家制药公司的股票价格往往与生产的新药挂钩，而不是简单地与现有主打产品的销售相关联。要获得新药，必须解决药物分子问题，这就是为什么礼来有近 7000 名研究人员。听起来员工人数众多，但还是不够。2000 年 8 月，当专利即将到期，礼来公司的股价在一天内下跌了近三分之一，蒸发了超过 360 亿美元的资产。在 2001 年 8 月的最后期限迫近之际，他们还有一些分子谜团亟待解决，而解决这些问题意味着要再雇用至少近千名博士员工，他们坦言没有足够的资金来聘请一千名新员工。

礼来公司的问题说穿了是没有钱。真是这样吗？

其实，要解决礼来的问题，只要跳过它，因为那不是真正的问题。真正的问题不是雇用更多的博士，而是解决药物分子的问题。

所以，后来怎么解决的呢？他们创建了一个在线科学论坛，名为创新动力（InnoCentive）。在这个论坛上，他们张贴出困难的化学和

分子问题，悬赏能解决这些问题的人。通过互联网向所有科学家开放
论坛，并且用十几种语言描述问题，礼来公司相当于建立了一个全球
性的、虚拟研发人才储备库，并通过这个人才储备库来解决在编研究
人员束手无策的难题。

这种策略的精华之处是公司只需要为那些有用的解决方案付费，
并且支付的金额取决于问题的难度。有些奖励已经高达 10 万美元，
然而大部分都在 2000 美元至 3000 美元之间。到目前为止，从北京到
莫斯科的工程师和科学家们都在为礼来公司解决分子问题，却不是公
司的雇员。在随后的几年中，其他公司也复制了礼来公司的做法，包
括宝洁、陶氏化学等。

礼来公司研发出了新药物，股价也应声反弹。礼来熬过了这一关，
并茁壮成长。2006 年《财富》杂志评选礼来公司为最受欢迎雇主前
100 名企业，《巴伦周刊》（Barron's）将其列入美国前 500 家管理
最好的公司。

礼来公司是如何解决资金问题的？没有解决。相反，他们跳过了
资金问题。事实上，钱不是问题，只是他们一开始认为是个问题罢了。

那么，你所面临的最大问题是什么？就像礼来公司一样，如果把
问题拎出来，从不同的角度看，你可能会发现，这不是真正的问题。
不要试图去解决它，跳过它也许更好。

因此我建议，阅读本章的剩余部分时，在脑海里思考你此前定义
的最大问题。可能在本章结尾，你会触发自己的远见力。

专注于错误问题将导致破产

在礼来股价急剧下跌之际，一家才成立一年的新公司仍沉浸在新
上市的活跃气氛中。

成立于 1999 年互联网热潮中的网络货车（Webvan.com）致力于

打造极致的客户服务体验，即在客户下完订单后的 30 分钟内将货物送上门。对雅虎、高盛和其他网络货车的投资者来说，这似乎是一个不可能失败的提案。毕竟，每个人都需要购买生活用品。因此，网络货车如同所有野心勃勃、有闯劲、极度乐观却短视的企业家一样，进行了疯狂的资本化。不仅与建筑巨头柏克德（Bechtel）缔约建立数十亿美元的仓库网络，这家羽翼未丰的企业还购买了一整个运输卡车车队，并配备高端电脑硬件，其能力足够指挥一个小国的军队。网络货车的创造者认为已经找到了能被完美解决的问题，并且打算用老式美国人的别出心裁，结合 21 世纪的技术和风险资本家的注资来解决问题。

不到两年，他们就破产了。

网络货车的创始人错在哪里？他们着手解决的是错误的问题。作为一个消费者，你会在哪里消磨大部分购物时间？很可能你会在商店缓慢踱步，试着找齐需要购买的全部生活用品。大多数人并不真的介意开车去商店，而是一旦我们进入商店，时间就被耗尽。

要解决这个问题，有一个低成本（因此商业上可行）的方法：让客户根据需要在网上下订单，然后由商店为他们配齐所有货物，而客户所要做的就是开车到商店门口将货物取回家。与其供养昂贵的卡车车队和司机穿越不同的地区，还免不了会碰到由于顾客忘记预约或不在家而延误运送时间，以及其他困扰网络货车这一类公司（是的，类似网络货车的公司还有很多家）的物流问题，还不如雇用店内采购人员，通过通信网络，将他们与订单系统建立联系。

这个模式能起作用吗？肯定会。有人尝试过吗？的确有公司已经做到。俄勒冈州波特兰市的新四季公司（New Seasons）就已实施了该系统，并且运行良好。

网络货车不是个案。在互联网泡沫后的 21 世纪头几年里，许多公司触礁都是因为专注于解决错误的问题。如今，还有很多公司将精力放在解决错误问题上。

找到最佳解决方案的关键，是确保你正在解决最恰当的问题。只有找到了真正的问题，才能发现真正的机会。

每一个问题下都隐藏着机会

正当礼来公司努力复苏其股价、网络货车公司走向崩溃的时候，一位美国政治家正在思考未来的道路。

艾伯特·戈尔（Albert Gore）正面临人生难题。作为一名职业政治家和热心公益事业人士的儿子，戈尔曾担任公职近二十五年。当了十五年的国会议员，并在白宫担任八年副总统之后，他几乎要在欢呼声中赢得总统职位。他认为自己实际上已经赢了，当然最高法院并不认可。政治生涯最终得以实现，最终让戈尔作出改变，去做他最想做的事情，永远地挣脱公职的束缚。

是不是这样呢？

事实上，戈尔输掉 2000 年总统大选，可能是他一生中最大的幸事。因为随着事态的发展，他获得了相当大的影响力，这种影响力比他当上总统还要大。

作为一名政治家，进行大刀阔斧的改变实际上非常困难。政治家一般不是创造变化的人。变化发生并不以人的意志为转移。技术进步创造了变化发生的可能性，改变了公众认知、预期和需求，政治家的工作就是适应这些新的现实。政治家的角色不是创造转变，只是阐明和管理已经发生的变化。政治家不会主动预测，他们只是做出反应。戈尔退出政坛，让自己脱离政治家这一被动角色，把自己变成更能影响公众舆论的角色。在这个位置上，他可以通过推动能源和农业的转型，直接对气候变化做出积极影响。

摆脱政坛约束，也就摆脱了与国会和新闻界不断角力的需要，并且从对选民和各种利益集团承诺的束缚中解放出来。突然间，他能够自由地去追求自己的环保愿景了。现在，他代表着世界而不仅仅是美国。在短短几年里，他赢得了艾美奖、格莱美奖、奥斯卡奖以及诺贝尔和平奖。

错失权柄，戈尔却借此跳出政治系统之外，发现了更大的施展空间。他没有专注于眼前的问题，而是跳过它。事实上，当选总统并不是摆在首位的问题。最大的问题是找到一种方法，能够不受政治包袱的影响而发挥全球影响力。

剥洋葱

上文提到的练习，我请你闭上眼睛思考是有特定原因的：这一行为说明了一个关键点。闭上眼睛有助于集中思想，但也将最大的机会隔离在外。只专注于那些被我们认定的最大问题造成了我们的盲目性。我们通过这个问题看世界，相当于通过有色眼镜看世界，成为色盲，对其他颜色视而不见。

练习时，识别确认你最大的问题是重要的第一步。然而，更为重要的一步是，在你确认后，再次睁开眼睛看看，因为不管你最初确认的问题是什么，可能并不是你需要的。它可能并不是你面临的真正问题。然而，寻找真正的问题往往就从这里开始，搜索的过程就像剥洋葱。

几年前，我拜访了一家世界级的会计专业服务公司，并会见了CEO 埃德（化名）。埃德所在的公司负责为全球多家大型国有和私有公司审计，承担的工作量涉及全球十万多名员工。

我问他："作为 CEO，你面临的最大问题是什么？"可能大家已经猜到了，他的回答对于只停留在洋葱表面而言是很有洞察力的。

埃德告诉我："我们最大的问题是没有足够的人才为全球客户服务。商机遍地，却没有足够的人力来实施。"他已经投入了大量的精力在寻找、审查和招聘上，但仍然无法保持满足其业务需求的人力资源。

谈话间，我问及公司所处局面的更多信息和细节，而我一开始的提问就显得不那么重要了。这个过程中，我并不是在寻找具体的东西，而是在观察。往往在这种情况下，质疑和探索的过程才是最重要的。我们正在做的，就是剥洋葱。

埃德随身携带的笔记本电脑配备了无线网络，但出乎我意料的是，他无法通过无线网找到我们需要的信息。为什么？埃德解释说，他所在的公司实际上是由分布在近150个国家的成员公司组成，每一家成员公司所在的地区都拥有不同的法律和组织结构，令人眼花缭乱。他开始告诉我一连串兼容问题，不同地区由于系统和协议不同，需要制订不同的解决方案，甚至公司的各个部分要实现清晰有效的沟通都实属不易。

就是这个！我们就要剥到洋葱的中心了。

埃德很快明白过来，如果现有的员工能够更有效地沟通和协作，他们不但可以不用聘请新人，还能对已有的雇员进行精简和巩固。

他最初认为的问题，被证明并不是真正的问题，真正的问题另有隐藏。埃德的公司能为客户提供优质的服务，然而在管理自己公司的内部信息和通信方面却惊人的低效。他们有大量的数据，但没有合适的系统来将其转化为行动。

从那时起，他们开展了一项全公司范围内的运动，来巩固和整合其全球计算机网络。考虑到规模和复杂性，这项运动是一个非常艰巨的任务，但也是非常值得努力的任务。虽然仍然在施行过程中，他们报告说已经在生产率和效率上获得了巨大提高。

只专注一个问题

剥洋葱的强大之处在于如果你集中精力，就可以找到那个让你撬动地球的支点。古希腊的工程天才阿基米德发现了杠杆原理。他曾宣称："给我一个支点，我能撬动地球。"像洋葱一样一层一层剥开，接近最核心的问题，而不是专注于解决最表面的问题，这样你就能找到最能发挥力量的支点。

大学毕业之后，抱着要教会教师更好地教书这个目的，我进入研究生院。一年级研究生面临的普遍问题是怎样获得好成绩，但我还是决定用剥洋葱的方法。当我一层一层剥开问题，发现真正的问题不是如何顺利毕业，而是如何更好地培训教师。那么我需要什么样的理想背景呢？显然，是丰富的教学经验。取得博士学位并不一定意味着你有经验。我决定在攻读学位的同时，在各种层次、各种局面下进行教学工作。听说初中是最难教的，于是我去一所中学任职，而这所学校最后成为全国第一所将市中心的学生专车送来上课的初中，这些孩子也成为我最初的教学对象。

我到学校报到的第一天，其他教师都在抱怨往年最差的孩子，说十分害怕再见到这些孩子。如果你要他们中的任何一个闭上眼睛，问："我们现在面临的最大问题是什么？"得到的答案肯定都是："熊孩子。"于是我说："那全都由我来教好了。"就这样，我开始了教书生活。我的第一批学生是全校闻名的差生，他们荒废学业、只会惹事，每一科的成绩都是 D 和 F。如同我的新同事所说的那样："他们学不会，就是那么简单。"

全身上下都是问题，又该如何解决？你可以不用去解决这些问题：跳过它们，用剥洋葱的方法去对待它们。

我做的第一步是放弃尝试任何其他老师已经用过的方法。并不是说他们是坏老师，恰恰相反，他们中的一些人非常友好，也怀着最好的意图去对待学生。甚至有那么一两个人在这个难题上有过些微的进展。但是，这些都不重要，他们的所作所为并没有持续显著地改变这些学生的表现。而我有一个优势，那就是我了解别的老师不知道的症结所在。以往老师一致认为的问题并不是真正问题。可以这样问：如果他们不是糟糕的学生呢？

　　我举行了一场考试：没有文字，没有纸，没有笔，没有课桌，只有我和孩子们面对面，单独地、口头地进行。事实证明，他们都懂。不仅记得课堂上讲的内容，甚至会用我上课用过的手势来解释答案。

　　这些孩子之所以成绩糟糕，并不是因为他们不够聪明，实际上他们都很聪明。但他们不知道如何读写，至少不够像样，达不到学术等级。如果一定要他们把答案写下来，他们会不知所措，但他们能够轻松地口头说出答案。

　　我给每个学生配了录音机，让他们录下任何想说的东西，然后回放，写下所说的内容。这帮助他们学会怎样在纸上思考。这一切都奏效了。学年结束时，那些孩子没有一个不及格。

跳过鬼门关

　　上文我在中学教学的故事表明，跳过最大的问题这一策略，不仅适用于跨国公司。事实上，它还能救人一命。

　　有一次，我做了一场关于触发远见力的演讲，会后有一小群观众想要与我交流，他们中的大多数都想与我聊聊目前面临的最大问题，看看是否能从交流中找到跳过问题的方法。这时，一位女士吸引了我，她看起来很着急。不过，她一直等到所有人都离去，只剩我们两个人。

　　"我有一个问题，但是我无法跳过。"她说。

　　她最近被诊断为癌症晚期，肿瘤发展很快，只剩半年左右的寿命。

　　"我的生活简直是人间地狱，"她说，"我并不想死，但我知道我就要死了，这个念头挥之不去。我要怎么才能跳过？"

　　就像威廉姆·杰文斯一样，这位女士也正盯着一个硬趋势，只是这个硬趋势不是逐渐消耗的煤炭，而是她不断流逝的生命。

　　"对于这样的诊断结果我很抱歉，"我说道，"我们当然都知道人终有一死。但当你清楚地知道自己何时会离开人世，一切就不同了。"
她点点头，我们都沉默了片刻。

"我可以提一个建议吗？"我问。她点点头。"与其想着命不久矣，
你可以想想该怎样活着，享受生命的余光。"她的脸上忽然云开雨霁，
我看得出来，她听懂了我的意思。

大约一个月后，我收到了她的来信，信上说想法一经转变，生活
也彻底改变。她开始安心地享受生活的乐趣、美好和快乐，而在这之
前，她一直惶惶不可终日。她知道自己快死了，这个问题她解决不了，
但可以跳过它。

在另一个例子中，有人用远见力跳过现实和死亡的界限。

娜塔莉·科尔（Natalie Cole）还是小女孩的时候，与父亲纳特·金·科
尔（Nat King Cole）的一次同台表演成为她心中难以磨灭的经历。
二十五年后，她推出了自己的歌曲，并一路凯歌，星途大展。但是，
她随后被一系列问题所困扰，包括毒品问题，以及背负父亲盛名而急
于找到自己的定位。

最后，在娜塔莉成为歌星的十五年后，她准备修补家庭关系，回
归家庭传统。并认为是时候去实现她 11 岁时的梦想：同她的父亲录
一张专辑。只是有一个问题：她的父亲已经去世二十五年了，当时娜
塔莉只有 15 岁。现在距她第一次成功发行专辑也已经有整整十年了。

娜塔莉的梦想显然是一个不可能完成的任务。但科技让我们把不
可能变成可能。她听说过数字录音技术，于是问了一个孩子气的问题：
能够数字化她父亲的老唱片，提取他的声音，然后与自己的声音进行
混合吗？她开始探索这个问题，最终成功地跨越时间，跨过看似难以
逾越的障碍，在她父亲的招牌歌曲《难忘》（Unforgettable）中加入
了自己的声音，这张专辑也蝉联各类排行榜冠军。《难忘……带着爱》
（Unforgettable...with Love）赢得了七项格莱美奖，以及 1100 万的销量，
成为 20 世纪最畅销的专辑之一。

父亲过世怎么合唱？很多人可能直接就放弃了，但娜塔莉跳过了它。

顺便说一句，娜塔莉·科尔的成就，凸显了跳过你面临的问题这一战略的核心之一：向科技取经。跳过最显眼的问题，一层层剥开洋葱，找到最有力的问题，把重点放在这个问题上，一直都是一种强大的战略。技术变化的速度越快，可能性就越丰富。娜塔莉·科尔不是一个技术专家，她不知道这种全新技术发挥作用的细节，也没必要弄明白。你也一样，不必明白。

当威廉姆·杰文斯预测工业化进入尾声的时候，他已经知道刚刚起步的石油工业，却认为汽油用途有限。可能在娜塔莉·科尔的生活中也有人曾怀疑她数字混音的想法能不能产生高品质的作品登上台面。正如礼来公司的案例中，会有人不认可互联网能够可靠地替代研发人员的工作。就算是在克鲁马努人的时代，也会有人对火的使用不屑一顾（有什么好处呢，它焚毁一切！），或是无法想象车轮的实用性（站都站不稳！）。我们具备想象和创造能力的同时也始终对科技的未来表达怀疑。在如今数字化垂直变革的世界中，科技比以往任何时候都重要。因为可能实现的必然会成为现实。

不妄下判断

娜塔莉·科尔成功的秘密不是她具有别人没有的特殊知识，而是她敢于问出天真的问题。换句话说，她没有因不可能而气馁，她不妄下判断。

不妄下判断并不是一件容易的事，因为它违背了我们的习惯或本能，但它能够带来巨大的回报。

轻易下判断会蒙蔽我们，让我们看不到新的机遇和隐藏的问题。听到一种新的技术，了解一个激进的想法，或换个角度看问题的时候，我们的第一反应往往是基于过去的经验来判断新信息的价值。但过去不等于未来。如果能认清这种急于下判断的本性，我们就能够先退一步，收起想要评估的直觉反应，卸下眼罩，看到隐藏的东西，挑战不可能的事。

假如在 2009 年有人告诉你，他们要在密歇根州开一家银行，你也许会下判断说这是一个糟糕的主意，但我有一个朋友做到了，而且大获成功。他没有因为底特律和华尔街的危机而妄下判断，并且取得相当不错的结果。

我的另一位朋友，借了巨额纯利息可调利率抵押贷款，在 2010 年 3 月调整利率。他从来没有拖延还款，且工作稳定。别人都说不可能获得贷款变更，但他做到了。2010 年 1 月他取得了新贷款，头两年利率为 3%，接下来的两年为 4%，而在剩余的二十六年中为 5%，并且头两个月不需支付还款。每个人都先入为主地认为不可能的事，都在我朋友身上实现了。

跳过问题，使用远见力原则，我见过很多人因此获得巨大的新机遇。而使用远见力原则的关键，首先就是要让自己不妄下判断。

直接跳到终点线

2006 年的秋天，我请了几周假期，去东非旅游摄影，途径乌干达、肯尼亚和坦桑尼亚。我们路过的许多村庄，几乎没有现代生活的踪影：没有银行，没有电视，没有收音机，没有电。许多地方，也没有流水。攀登乌干达布温迪密林公园的高山，与高山黑猩猩相邻，这种体验仿佛回到采集捕猎的部落时代。远处传来跳动的鼓点和当地人的歌声，爬到 8000 英尺以上的高山时，向导需要用大砍刀开路带领我们穿越雨林，感觉就像进入了 20 世纪 30 年代老约翰尼·维斯穆勒（Johnny Weissmuller）电影《泰山》（*Tarzan*）的场景。

我和同伴乘坐小型专机进入肯尼亚安博塞利公园（Amboseli

Park）。这是一个野生动物保护区，大约有 150 平方英里的沼泽和半干旱植被，我们在中间某个空地下了飞机。环顾四周，看不到半点文明的迹象，也没有办法通过任何视觉线索来确定方位。我们心知这是安博塞利公园，却宛如身在侏罗纪公园。

这种错觉很快进一步放大：当我们长途跋涉前往大象和狮子的国度，突然遇到了一群马赛勇士。三名男子从头到脚穿着传统服装，几个世纪以来他们都是这样的穿着，就像数世纪前的人从时光机里走出来一样。除了一个小细节：有两个马赛人通过移动电话网络（Mobile Telephone Networks，MTN）用手机聊天。

可能你从来没有听说过 MTN，但今后一定会有耳闻。这家公司成立于 1994 年，总部位于约翰内斯堡。目前在 22 个国家运营，并在其中的 15 个国家排名第一。在其三分之二的市场中，它比可口可乐拥有更高的知名度。MTN 专门为新兴市场提供服务，特别是非洲和中东国家。下面列举了部分正在使用 MTN 电话网络的语言：

> 南非荷兰语、阿拉伯语、达里语、英语、法语、富拉语、希腊语、豪萨语、伊博语、卢旺达语、恩德贝勒语、普什图语、葡萄牙语、索托语、斯瓦希里语、斯瓦蒂语、聪加语、茨瓦纳语、土耳其语、文达语、科萨语、约鲁巴语和祖鲁语。

MTN 提供服务的地区大多没有或只有很少基础设施。那里没有电，更不用说发射塔。在这样的环境中，根本没有办法提供手机通话服务。但是 MTN 跳过这个问题，直接把电力带到这些地区。

每进入一个新市场，MTN 做的第一件事就是成立 MTN 基金会，为当地带来一系列庞大的社区支持服务，从卫生和教育活动到建设小电厂。在没有可靠电力或根本没有电力的欠发达地区，MTN 基金会搭建了小型发电站和电网。（这些发电站并不是普通的电厂。）

在这个过程中，MTN 的客户获得的好处远远超过通信系统。因为生活在这些新兴经济体中，你需要的不仅仅是和别人通话的工具，还需要广播和电视、银行和信用卡、个人电脑和互联网。而简陋的 MTN 手机可以实现所有这些功能。由于去物质化、移动化、网络化和汇聚化的推波助澜，手机将成为你的电台、高清电视、电脑。随着地区经济逐渐发展，手机还充当了银行，这样就不需要大兴土木修建银行（或不需要收取大额费用）。 手机也会成为房屋钥匙和车钥匙、心脏速率监视器和婴儿监视器。它将是多媒体培训和教育的工具，对象可以从小学生到老年人。手机提供了所有的服务，却没有破坏生态环境，也不用生产铜、钢和混凝土基础结构来加重国家的经济负担。

如果你住在纽约、圣迭戈、伦敦、悉尼、东京或孟买，也许还很难完全理解 MTN 手机的意义。在圣迭戈，这些功能虽然有不错的体验，但我们已经有了银行和信用卡，也有了电视和互联网。手机的功能集合很有趣，但不是至关重要的。在新兴国家情况却相反，它们并不仅仅是玩具或小玩意似的新功能，还是直接跳过 20 世纪进入 21 世纪的途径。

很多年前我访问厄瓜多尔，在那里他们已经安装了宽带无线，几乎无处不在。这正是跳过基础设施问题的一个类似例子。回到美国后，我发现无法在美国获得与厄瓜多尔相同的无线网络服务，这让我无比震惊！因为厄瓜多尔跳过了有线服务阶段。这也是印度经济奇迹的秘密之一：印度跳过了数据传输的铜线和光纤阶段，直接采用卫星和无线通信。

遗留系统的诅咒

MTN 在非洲的影响，让我想起最近访问俄勒冈州时参观的邦纳维尔大坝（Bonneville Dam），并思考肯尼亚的居民如何做到比美国西海岸更先进。

1934 年至 1937 年的四年间，作为美国新政期间对国家基础设施大规模投入的一部分，美国陆军工程兵团在俄勒冈州与华盛顿州北部边境的哥伦比亚河上，建立了一个新的水力发电厂。1938 年，新的水闸开放，水从哥伦比亚河灌入，造就了邦纳维尔水库。这座大坝也是世界上最大的单臂升降水闸，它将廉价的电力输送到该地区。通过筑坝涨水，邦纳维尔创造了大量新的就业机会。伍迪·格思里（Woody Guthrie）在他的歌曲《奔流吧，哥伦比亚》（*Roll On，Columbia*）中描述了这一工程奇迹的影响：

> 船儿停靠在邦纳维尔水坝上，
> 引河水把坚固的岩石涤荡，
> 满载的货船全速前进，
> 奔流吧，哥伦比亚，奔向远方。

1987 年，大坝被宣布为国家历史地标，这样的地标往往是略带讽刺性的历史奇迹。在 21 世纪的今天，新政早已远去，曾经伟大的基础设施建设已经成为我们的绊脚石。

在那次访问中，邦纳维尔水坝 75 年的历史在我脑海中重演。我感到与大坝有着一种特殊的联系，因为我的父亲曾经参与了它的建设，他是设计团队的一员，随后又成为发电机业务销售团队的成员。

在阿里斯－查尔默斯公司（Allis-Chalmers）还很强大的时候，我的父亲曾经在那工作。它是美国在"二战"期间最重要的生产力量，阿里斯－查尔默斯有两个主要部门——拖拉机和电器。谈到公司兴建的大型发电机，父亲曾经说过："好消息是我们建造的机器很结实，可以运转一百年，但这也是一个坏消息。"

非洲的问题是它根本没有基础设施，因此 MTN 和其他具有远见力的创业型企业敢于跳过问题。美国的问题则恰恰相反，这里的基础设施太多，比如阿里斯－查尔默斯的大型发电机和邦纳维尔水坝的设施，它们巨大、低效、运行成本和维护成本极高，并逐渐老旧，但它们仍然可以运转。那么，我们该怎么做？把它们全部拆除吗？我们的公路和桥梁、城市供水和污水处理系统，以及电网也面临着同样的问题。

这就是遗留系统的诅咒：想要舍弃，却运行良好；想要再进一步，却力不从心。并且它日渐陈旧，成为我们在 21 世纪的绊脚石。我们必须作出决定：是否要被这些沉重的旧物拖累下沉？

从某种意义上说，像肯尼亚、厄瓜多尔和印度这样的新兴国家有需求的优势。他们没有选择的余地。他们不可能再沿着历史轨迹折行，从铜线电报到电话和拨号调制解调器，到更高速的调制解调器、DSL、电缆并最终到光纤宽带和无线技术，他们被迫跳过 20 世纪电信系统的遗迹。

对发达国家而言，这是一个突出的问题：我们有选择空间，但我们能够鼓起勇气，发挥远见力，抛弃遗留系统，并跳到可见的未来吗？

中国似乎就处在这种巨变之中。20 世纪的工业化，中国所走的道路，与西方工业化国家如出一辙。就在几年前，中国进入了城市扩张和雾霾全面爆发的阶段，这是美国式工业时代的噩梦。这种发展令人不安。地球也许能供养一个超级大国以碳氢化合物为燃料来发展，但肯定无法承受两个或三个。

然而，各种迹象表明，中国可能已经决定跳过这个问题了。美国还在犹疑不决、含糊其辞，在利用更环保、更符合 21 世纪的工业发展途径上行动迟缓，中国却已经在努力跨越这一问题了。

"近两年，中国已成为更高效、更清洁的燃煤电厂的领导者，他们掌握了技术，压低了成本。"《纽约时报》首席香港记者基思·布拉德舍（Keith Bradsher）评述道。"就在美国为是否利用高温蒸汽建立更有效的燃煤电厂争论不休的时候，中国已经以一个月建一座的速度开始建设。中国的风力发电能力在过去四年中翻了一番，并随时准备超越美国，成为全球最大的风电设备市场。"[1]

中国的跨越发展原则在汽车产业上也有显示，正如布拉德舍的报道：

"在燃油车辆产量上，中国落后于美国、日本等国家，但中国希望能跳跃到下一个新技术。"[2]

中国领导人已经采取了一项发展中国汽车产业的计划，来使中国成为世界领先的混合动力和全电动汽车的生产大国。

遗留系统的问题不仅让国家处于两难境地，它也是各类企业和组织面临的常规问题。这些企业和组织由于昂贵的电脑软件和硬件老化，竞争力尽失。表面上看，继续使用旧系统会更容易、更便宜，产生这一错觉是因为你只看后视镜。如果往前看未来，你会看到完全不同的景象。基于硬趋势和确定性看未来，很显然从内到外进行转变，比由外到内被动转变成本更低。保留过时的遗留系统，比改革成全新的系统更加痛苦。

遗留系统的问题不仅在于硬件和软件，它也存在于公司的流程中。粗略研究一下，你就会发现几乎所有的公司或组织，他们做事的方式得以发展和执行是因为奏效。供货和库存流程、会计和客户服务流程、研究和决策流程、组织沟通流程，所有的流程都那么臃肿、累赘又根深蒂固，它们看起来无法舍弃，但继续保留是一种自杀行为。在零售商店销售 CD 对于音乐销售来说是遗留系统，四大唱片公司将这一流程视为汪洋中的浮木，不忍舍弃。苹果甚至没有尝试要去这个市场分一杯羹，而是完全跳过了它。模拟处理到 20 世纪 90 年代初成为摄影的遗留系统，如同模拟信号在 90 年代中期之于手机。宝丽来和摩托罗拉就是因为紧咬模拟技术不放，最后完全失去了市场主导地位，并且再也没有恢复。为什么？因为纯粹的固执、习惯还是傲慢？都不是，更多是因为他们在行动的时候选择了墨守成规。

真正的问题不只是遗留系统，还有墨守成规，它远比老旧的公路和过时的发电机更严重。

回顾历史，该不该守住过时技术的问题，以前我们还可以忽略或推迟一段时间。但是，在新的技术环境下，情况将大不相同，工具和系统以惊人的速度迅速折旧。在这样变化剧烈的时代，处理遗留系统也就成为我们必须学会的课题，并且需要持续不断地去处理，因为今天的尖端科技，明天就会过时，跟隔夜咖啡一样。

以前，规则是："如果没坏，就不要修理。"

今天，规则是："如果奏效，就已经过时。"

对于这条新规则有个特别深刻的例子，即每个儿童一台笔记本电脑项目（One Laptop per Child，OLPC）。这个项目由尼古拉斯·尼葛洛庞帝（Nicholas Negroponte）教授建立和领导，他是麻省理工学院著名的媒体实验室的创始人和《连线》（Wired）杂志的创始人之一。[3] OLPC 教育计算机化团体的成立是为了平衡全球竞争，通过提供廉价笔记本电脑，带领全世界贫困儿童进入 21 世纪。该团体花了几年时间开发出一种极简单的笔记本电脑，作为新兴市场转型的工具。发布这款电脑时，这项公益计划宣布要在全球实现 700 万台以上的发货量，让这种"100 美元笔记本电脑"能够使发展中国家和新兴市场的儿童受益。

OLPC 的想法大胆而雄心勃勃，但 OLPC 团队是在通过现在的视野考虑未来，而不是着眼于未来。虽然有投资未来的有力观点，却受限于自身的传统思维。等到 100 美元笔记本电脑的概念构思和设计完成，它已经过时了。这是一个好主意，但不是一个顶尖的想法。一个顶尖的想法应该忘了电脑，围绕智能手机来展开。

手机足够便宜、足够方便、足以满足使用需求，是唯一能够达成这个愿景的设备。发展中国家和新兴市场国家的人们，需要进行沟通和协作，而不仅仅是孤立地工作，OLPC 电脑不能给他们带来通信条件。更重要的是，新兴国家的识字率往往很低。我不确定马赛勇士将如何用键盘打字，但是他可以和其他人一样立刻学会使用手机通话。

个人和企业要在非洲取得显著进步需要从事很多活动，计算机无法充当所有这些活动的中心，但是手机可以。

从经济学角度讲述这个故事。2005 年 1 月项目公布的时候，OLPC 电脑本来应该以低于 100 美元的成本来生产，但这一数字立刻小幅上涨；到 2009 年，成本已增加了一倍。印度婉拒了对该项目作出承诺，表明其有意打造一台成本只有 10 美元的笔记本电脑。就在本书写作的时候，在非洲制造一部手机的成本大约是 1 美元。MTN 的高管告诉我，不久成本将下降到只有 10 美分。并且更讽刺的是：在实际使用中，手机不再只是一部手机，它本身就是一台电脑。

想象一下，在手机中植入一个微小的芯片，它能够在墙上投影出漂亮的数字屏幕，另一枚芯片则能将虚拟键盘反向投射到桌面上。这样，无论你走到哪里，只要能找到一片空白墙壁，按一下手机按钮，就立即有了电脑屏幕和键盘。就在我写下这些文字时，这项技术刚刚走向市场。

谁能够预见这一点？你就可以。因为你已经知道技术变革的八个途径，只要了解其中的四个就能预言整个情况：

　　·去物质化：几年前需要一台笔记本电脑才能实现的功能，现在都能够浓缩在一部手机中。

　　·移动化：以前需要有线电缆连接电视或电脑才能做的事，现在可以在无线移动设备上完成。

　　·网络化：不断扩大的带宽让越来越多人联结在同一网络中，让我们可以在网络上提供更多样化的活动和服务，这增加了它的价值，降低了成本。

·汇聚化：银行、广播、视频和互联网等功能通过电信汇聚，整合在单一设备中。

把这些全部放在一起，就是对 MTN 目前业务很好的说明，它正在帮助非洲大陆进行改造。着眼于这种技术，能够使 OLPC 项目在认识其目标方面走得更远，只可惜，它被"电脑"的传统印象所碍。

跳过稀缺

我们的基本经济世界观依然墨守成规。随着技术的进步，三大数字化油门发力，世界变化的速度呈垂直上升的曲线。我们现在正处于转型阶段，不只是谋生工具和环境有所变化，我们对财富与稀缺性的概念也在改变。

随着世界变化速度垂直上升，神奇的事情正在发生：稀缺经济转向丰饶经济。这并非哲学建构或梦幻般的乌托邦，而是现实世界中真实的、根本性的转变，作为经济交易的基本单元的结果。

经济运行模式一直以稀缺为前提。因为在物质商品环境下，每一笔交易都是消耗。如果我给你一亩地、一卡车木材或一桶油，那么我自己就少了相同数量的物品。经济学被称为"沉闷的科学"，因为它研究持续消耗的过程。但是，与物理资源不同，知识在分享的过程中增加。这是由于网络与生俱来的固有特征：

随着网络中的节点倍数增加，网络的价值呈指数增加。

传真机就是一个很好的例子。第一代传真传输机/接收机价格极其昂贵，价值却非常小。使用的人屈指可数，如果你是购买者之一，你能做的只是用它来和其他拥有者沟通交流。而一旦成千上万的企业都添置了传真机，它就成为必需品。这样，传真机价值上升，成本一路下降。

当然，去物质化和网络化的迅速发展，使得传真机也过时了，电子邮件取代了它。现在，互联网技术更上一层楼，天文数字般地提高了知识的价值，同时让交易成本降低到几乎为零。数字化技术将我们引入新经济，而互联网已经成为数字化技术的核心体现。

这种变化并不是一下子发生的。首先，我们会经历一个准备和过渡期，主要使用互联网单向告知。在这个过渡时期，我们看待知识的方式（大多数人还是会这么做）与看待黄金、土地、钢材以及所有工业经济的基本要素的方式一样，以一种交易和消耗的方式来看待，或者换言之，是依据稀缺性来考察的，认为只要囤积，或是提高进入成本，就能越来越富有。但这种简单的数学运算并不符合互联网驱动的知识经济。你无法靠囤积知识变得渊博，共享才能让你博学。

最近几年，我们才开始学习如何发挥互联网的真正潜力，将它作为无限的知识共享和交流互动的方式。随着我们将互联网从仅仅作为获取信息的工具，到加入更高层次的功能，让互联网共享和交流知识，我们也跨入了一种新型经济。

工业时代的基础是充分利用资源的稀缺性。例如，挖掘地球上有限的金属储量，并将这些原料转化为高利润的产品。财富主要以稀缺、有形的物质资源的形式存在，如土地、油田、采矿权、工厂等。但在当今时代，信息和知识的共享成为财富的基础，旧的思维不再适用。

以稀缺性为基础的经济中，我们收购实物资产，提高进入门槛来限制别人进入，通过这种方式来提高价值。在新的丰饶经济模式中，我们开发无形资产，人人都能获取，创造了更广泛的免费用户群，然后对这一庞大的用户群体收取服务费，以此来提高价值。谷歌的 AdWords 就是一例。如果亚马逊免费提供 Kindle 电子书阅读器，而不是将它作为收入来源之一，那么每个人都会去亚马逊买书，亚马逊也就能赚更多的钱。Zappos 为吸引客户，从标准送货升级到连夜送货而无需支付额外费用。相似的例子还有许多公司，说明它们已经在某种程度上适应了这种新的经济模式，包括苹果、谷歌和 YouTube，还有MTN。

知识（去物质的）经济遵循放大和丰饶经济的特征。随着技术去物质化，经济模式大挪移，资源垄断变成共享。现在正在发生的就是这种转变，我们迎来了一个全新的商业世界。

在稀缺经济中，头条新闻总为少数媒体垄断，比如《纽约时报》、美联社、各大电视台和有线新闻网络。在丰饶经济中，博客和播客让每个人都掌握了媒体的力量。《时代周刊》杂志的年度风云人物就是一个生动的例子。1991 年《时代周刊》的年度风云人物是 CNN 的创始人特德·特纳（Ted Turner），表彰他在第一次海湾战争中的精辟报道。十五年后，《时代周刊》年度风云人物可能就是"你"。正如《时代周刊》的封面故事说的那样：

> 2006 年，社区及合作的规模前所未有。天下知识集大成的维基百科，拥有数百万个频道的 YouTube 和网上大都会 MySpace，将媒体权力从少数人让渡给了多数人，这不仅改变了世界，也改变了世界变化的方式。[4]

这一史诗般的转变已酝酿多时。千百年来，我们想象着丰饶经济下的生活景象，提出各种理念和机制，试图创造这样一个世界。从古希腊的民主制度、罗马革命性的公民权利概念到英国大宪章，再到美国宪法、废除奴隶制、妇女参政权，每一次创新都是个人自由权利的进步，也是对丰饶经济的预先体验。但是在这些历史进程中，我们仍处在稀缺的世界中，怀有普遍的稀缺思维。然而 20 世纪中叶以来，我们第一次突破限制，通过先进技术创建了一个由稀缺到丰饶的世界。

　　婴儿潮时期出生的人，是怀着物质将极大丰富的期望成长起来的第一代。他们的父母是"二战"一代，从小被灌输的思维定势是努力工作才有可能获得成功、养家糊口。婴儿潮一代的思维定势是每个人都可能过上富足的生活，不只是那些极度勤奋努力的人，富足是一种常态，不再是少数人来之不易的奖品。这种世界观是 20 世纪 60 年代理想主义兴起的根源。

　　然而，由于婴儿潮一代的父母对大萧条和第二次世界大战仍记忆犹新，即使到了婴儿潮这一代，稀缺思维也有挥之不去的影响。但是，如今的新一代人已经完全不同。Y 世代，有时也被称为千禧世代（或婴儿潮新世代，婴儿潮的下一代人口也同样数量众多），对丰饶的预期又更进一步。60 年代，美国的黑人和妇女还在争取平等权利。而对于新一代人来说，种族和民族多样性是一种司空见惯的事情。对于千禧世代来说，数字丰饶是老生常谈的体验，只要鼠标一点，资源就取之不尽。有人说他们被宠坏了，不够现实。当然，家长们都喜欢念叨，婴儿潮一代的父母也曾一样。

　　婴儿潮一代、千禧一代，以及所有身处传统工业化国家的年轻人，都有一个致命伤，他们很有权利意识。作为墨守成规的一部分，权利意识只会加深稀缺思想。好消息是，千禧一代以来的年轻人对未来的期望比大多数婴儿潮一代的人要高得多。三大数字化油门创造了一个丰饶的世界，这是我们以前从来没有想过的。随着越来越多人接受分享思维，他们会找到强大的工具来塑造更美好的明天。

　　按照过去的方法，稀缺性思维和权利意识是需要解决的问题。如今，我们可以直接跳过这个问题。

　　这并不是忽视事实，更不是小看稀缺经济的实际影响，稀缺和匮乏依然存在。全球还有数亿人居无定所，他们营养不良，衣不蔽体，食不果腹。事实上，贫困和经济不平等，可以说是恐怖主义和其他形式的激进暴力蔓延的主要原因。但是，吊诡的地方也就在这里。贫穷不是因为我们缺乏资源供给世界上所有的人，而是因为在很大程度上，我们依赖的稀缺性思维已经过时了。

相当大的程度上，我们仍旧固守有他没我的零和思维，既有的事物只有这么多，如果他们得到了，那么我们就没有了。这就是墨守成规的表现。

稀缺性的思维是："我要保留所有想法，不被任何人所知。"分享性思维认为："要分享所有最好的想法，建立一个强大的浪潮，水涨则船高。"

如果我们不断地坚持用旧的思维定势做事，后果将不堪设想。不论四大唱片公司，还是三大汽车制造商，如果还是用稀缺性的思维定势处理新情况，注定要走向灭亡。

开弓没有回头箭，分享才是新的游戏规则。有他没我这个史前的经济游戏已经过时了，我们要同甘共苦。

回顾第 1 章，我们可以运用这条规则来解决如何打造世界最佳汽车制造商的问题，并且能够更进一步。如果我们稍稍修改这个问题，变成：如何制造世界上最好的汽车？想象一下会发生什么，我们应该采取怎样的战略，作出怎样的决定。

两个电信的故事

MTN 的商业模式颇为有趣。它并不是利润驱动的传统方式。相反，它的运营受"三重底线"指导，社会影响、环境影响和利润并重，如同同样重要的三股绳索相互交织。

正如我们前面所看到的，MTN 把电话服务带入没有电力基础设施的地区，协助当地建立发电厂。他们没有采用 19 世纪或 20 世纪的技术，而是采用了 21 世纪的可再生能源，从废油和植物材料制备生物柴油。这不仅是个污染相对少的举措，也避免了该区域依赖国际石油。事实上，它也有助于繁荣当地经济。MTN 已表示，它的使命之一是成为一个碳中立的组织。当前的目标是将发电站油耗降低十倍。怎么做？通过使用风能和太阳能。

约翰·卢迪克（John Ludike）是 MTN 的高级经理，他说："这不仅仅有关基础设施和财政上的可行性，还要对所在社区发挥影响，让人们相互联系。"

"在这些市场中，我们签订的部分许可协议，"卢迪克解释说，"要求合作对象转变治理能力以及招聘人才的方法。我们投入了相当多的时间，十分重视与海外管理层合作，希望将这些能力带回到社区。"

一旦有了电，不仅可以使用手机，还可以照明，可以抽水。MTN 发现一旦能做到这一点，流动的就不仅仅是灯和水，想法也开始流动，经济、智力和文化加速发展，整个区域也开始成长。

MTN 进军贫困的新市场是现实的。为了避免投入无法收回，它开始在许多国家开启预付费手机服务。在一些国家，它只提供最基本的通话服务，本地电话以分钟计费。随着市场的增长，某些地区需要更先进的服务，诸如数据服务、网页浏览、3G 服务等，3G 服务还支持视频流传输，以及通过电话线和先进的服务带动移动银行业务。

MTN 进入的每个国家，经济都在持续增长。而随着区域内经济不断增长，居民开始想要增加手机功能，因为他们的购买能力变强了。随着使用更多功能，经济也得到进一步增长，这让他们能够负担得起更多的功能。对于 MTN 来说，这是一件好事，对于它的客户来说，更是一件振奋人心的事。MTN 不仅仅是一家电信公司，在电信公司的表象之下它其实是一家经济权力机构。

如果将 MTN 与 20 世纪 90 年代中期发迹的另一个电信巨头相比较，你就能够清晰了解丰饶经济的路径方向。

同安然公司（Enron）、安达信（Arthur Andersen）一样，世通公司（WorldCom）已成为 21 世纪不可信任公司的代名词，这些大公司疯狂地兼并和收购，高管贪得无厌、欺诈频发、行为过激。世通公司成立于 1983 年，前身是长途廉价服务公司（LDDS），1995 年该公司经过一系列雄心勃勃的并购改名为世通公司。1997 年斥资 370 亿美元并购 MCI 通信成为当时规模最大的并购案，这一记录在两年后又差点被它自己的另一桩并购案打破，即与 Sprint 合并。这一并购案如果成功，也将首度把 AT&T 挤出第一的位置，只是当时监管部门没有核准。

就在短短五年后，公司爆出 110 亿美元的欺诈丑闻，迫使公司申请破产。

跟其他任何行业一样，电信公司的成长来源于获取新客户。从广义上讲，新客户有两种来源：一是通过激烈的竞争、兼并和收购从其他企业争取，甚至通过挑战商业道德和法律界限来获得；二是想办法为客户提供丰富的成长机会。第一种方法反映了稀缺经济模式，第二种则是丰饶经济模式。世通采用了第一种战略，在 20 世纪 90 年代走向了末路，MTN 采用了第二种经济模式而蓬勃发展。

MTN 取得了怎样的成就？该公司业务版图扩张了一倍，在非洲和中东开拓了十几个国家的市场，获得了 4000 多万客户。要从这些新市场获益可能还需要一段时间，但是在它所服务的地区，人们的生活已经发生了巨变。

卢迪克说："在最初的 13 个市场中，我们已经看到了社会和经济影响的增长……移动电信已经对这些人的生活产生了重大影响。"

MTN 并不是唯一的例子。另一家名为扎因（Zain）的公司在相同区域也做了类似的事情，用三大数字化油门和八大途径给顾客带来利益，并驱动公司成长。扎因公司的目标是迅速成为全球十大电信公司之一。这一目标正在慢慢实现。2008 年，其销售额达到 30 亿美元，并拥有 5500 万用户。到 2011 年，它的业绩翻了一番，销售额达到 60 亿美元，拥有 1.1 亿用户。

像这样用共享来带动自我成长、拉动经济增长的公司不胜枚举。

现在大家都在谈论印度和中国在世界经济中的作用，却几乎忽略了非洲。也难怪，非洲面临的挑战，特别是多数国家的极端贫困和政治不稳定众所周知。经济增长的障碍看起来几乎不可逾越。但是别搞错了，只要有机会，地球上的任何村镇、国家都可以实现经济增长、繁荣富足。

"经济预测数据肯定会让人很惊讶，"卢迪克补充道，"你会对中国和印度在非洲大手笔的投资感到吃惊。我们一直在寻找那些人口迅速增长的国家，未来新兴国家将成为持续增长的经济体。

几十年来，非洲是全球匮乏经济的典型，但未来很可能脱颖而出，成为丰饶的新图标。现在讨论这一景象将如何实现可能言之尚早，但是，有些事我们可以确信：第一，它一定会发生；第二，不是通过解决目前的问题而实现丰饶，而是完全跳过现存的问题。

煤炭问题再探索

本章开头讲到威廉姆·杰文斯，以及工业革命如何跳过煤炭问题，从石油上找到出路。很多人可能会对此产生疑问：

难道我们真的跳过了煤炭问题？还是我们只是推迟了这个问题？

你问的很有道理，事实上我们从来没有完全跳过杰文斯的问题。今天的美国仍有一半以上的电量还在使用煤炭发电。在中国，这一比例达到 80%。煤炭实际上仍是全世界最流行的发电燃料。

大家如果觉得杰文斯的故事听起来很熟悉，是因为在他一个世纪之后，有个名为罗马俱乐部（Club of Rome）的团体写了一本《成长的极限》（*Limits to Growth*）。书中预测，我们将在二十年内耗尽石油，最终导致现代生活方式的消亡。当然，这并没有发生，正如我们在第 3 章看到的，钻井和开采技术日新月异（如燃油喷射技术），使我们能够挑战极限，这是作者没有预见到的。更重要的是，产品智能化跳跃式的发展将大大提高未来对石油的使用效率。

尽管如此，我们不能永远依赖石油和煤炭作为世界首要的动力源。

可以说，杰文斯的煤炭问题遗留至今，确切地说是石化燃料问题。我们现行的工业动力模式是通过提取和燃烧化石燃料产生能源，以煤带动发动机，以石油带动内燃机。如果煤炭是 19 世纪的大问题，那么石油就是 20 世纪的紧箍咒。但是，现在我们生活在 21 世纪。

蝴蝶要经过毛毛虫阶段的茁壮成长才能破茧而出。但是对我们来说，不需要去解决问题，而是要跳过问题。为了做到这一点，需要了解远见力的另一个原则，这是我们下一章要探索的。

►►►行动准则

棘手的问题很容易成为看似无法绕过的庞大路障。导致的结果往往是拖延和裹足不前。要解开我们最大的问题，关键要认识到这些问题通常并不是我们真正面临的问题。跳过这些问题，而不是试图去解决它们，让头脑自由地探索，思考真正的问题。

➤ 本章开头询问大家面临的最大问题。当你阅读这段内容的时候，是否领悟了要跳过问题的观点？

➤ 不要停滞不前，要向前迈进。你无法看到真正的问题，往往是因为你被自认为的问题所蒙蔽。忘掉你认为的问题。通常情况下，一旦你忘掉这些自以为是的问题，真正的问题及解决方案将浮出表面。

➤ 像剥洋葱一样思考。把你的问题想象成洋葱的表皮，列出问题的组成部分，一层一层地剥离。不断地问自己，"为什么这是一个问题？"当你找到一个问题，要反问自己"为什么这是一个问题？"最终你会发现自己真正的问题，这个过程往往比你想象的更快。

➤ 每一次只专注一个问题。有时问题看似复杂，许多环节都很棘手。不要试图去解决所有事情。继续剥洋葱，直到你找到可以解决的问题为止。

➤ 向科技寻求帮助。今天的技术提供了解决很多问题的丰富选项。贵公司能不能找到一个很好的打字员，试试听写软件怎么样？产品或服务需要集思广益，获得更多的想法，试试网上调查呢？看看你的客户想要什么。想好需要做什么，然后找到合适的技术工具来解决。

➤ 不要妄下判断。先入为主的判断和下意识的评估，无论它们表面看起来多么合理，往往掩盖了真知灼见。

➤ 跳到终点线。每一个问题都有一个解决方案，效果各异。条条大路通罗马，有一些路完全没有障碍。问问自己能否跳过全部的问题。这让你解放思维、超越障碍。而这通常是最好的解决办法。

➤ 在你的领域有什么遗留系统？问问你自己："是否现在就应该明智放手，放弃旧的事物，跳到未来？"

➤ 检查每个现行策略，问问自己："这个战略遵循了稀缺的原则，还是基于丰饶的原则？"

Chapter

5

反其道而行

底特律地区的学校陷入了困境。21 世纪的最初几年，美国汽车业还没有完全进入最严峻的时期，但是该地区的经济寒冬已经到来。联邦政府实施的"一个也不能少"（No Child Left）项目创造了繁重的负担，新学校的测试和管理费用在增加，底特律学区却面临严峻的预算削减。许多学校管理者面临一系列选择：削减哪项计划支出？

研究生时期，我到初中教数理化，这是我生命中最美妙的经历之一。它是如此宝贵，现在，我的咨询业务中就有一个教育部门，致力于为学校提供帮助。作为这项工作的一部分，我们创建了一个项目，称为"打造优质学校"，这是我用来指导企业的竞争优势理论的一种变形。针对组织面临的各类挑战创造远见力和行动战略，该项目使用两副牌，一副是战略牌，另一副是技术牌。

我们在底特律市区面对来自各个学区的负责人，有人提出了预算紧缩的问题，我们对此进行探讨，看看是否能引发远见力。与会者集思广益都是针对削减成本，并没有取得进展。有人摸到写着创造财富的战略牌说：

"嘿，有没有可能扩大收入来源？"

现场有人大笑了起来。（顺便说一句，这是一个好兆头，在头脑风暴下，大笑往往是一个信号，表明某种突破，答案即将露面。）让陷入困境的城区公立学校发挥企业家精神？这完全打破了传统框架。我喜欢这个主意。

"听起来不可能。"有人评论道。

"这可能意味着答案呼之欲出了，"我补充道，"好吧，让我们来洗牌，看看技术牌会有哪些提示。"

我们翻了半打牌，然后有人掏出了一张技术牌，"共享处理器"，他问道："我们可以用这个技术吗？"

牌上写着：

分布式计算允许联网的计算机共享处理能力，把闲置的电脑变成一个共享的超级计算机。

"好吧，"我沉思道，"让我们来看看。学校有联网的空闲电脑吗？"不，电脑整天都被占用。

"整整一天，"我重复道，"好的……"我故意不把话说完，未完成的句子暗示着远见力的另一个准则：反其道而行。果然，有人瞬间就闪过一个念头。

"我想到了！"之前抽出"创造财富"牌的女士大喊。其他人转过头看着她，她兴奋地解释道："计算机白天被占用。但是晚上是不是就能空出来呢？"

事实上，这所学校有几千台计算机，从放学直到第二天早上八点完全处于空闲状态，每天将近有 16 个小时。这还不包括周末。

"我们每天有 16 个小时不需要用电脑，"她接着说，"这样，一周就有 80 个小时，加上周末就超过 128 个小时了！如果有 4000 台电脑，这就是每周 512000 个小时。"她转向我。"我们该怎么利用电脑空闲的时间？"

她的兴奋之情溢于言表。最惊心动魄的那一刻，莫过于突然看到了不可见的事情。

我说："为什么不租出去呢？"

他们后来照做了。找了一家经学生家长同意的公司，最终把他们的"超级计算机"出租给了一家制药企业，这家制药企业使用电脑的数字运算能力，把学校变成了庞大的并行处理器，进行配方运算，研究癌症和其他疾病的治疗方法。

多亏了远见力，几个月后，学校获得了一项每年六位数的收入，不用再由于预算紧缩而被迫削减一些珍爱的教学项目，他们能够自给自足。不用牺牲、不用投资一分一毫就有了这些资金，他们需要的是灵光一闪的远见力。

回顾第 4 章，你可能已经有了解决办法，即这所学校面临着预算削减的问题，跳过这个问题，而不是试图去解决问题。你当然是正确的。但是，这个例子也说明了远见力的另一个原则：反其道而行。公立学校系统一般是接受资金的一方，这所学校则决定要自己创造经费。

这不是故事的结局。附近的另一个学校听到这个做法，从中得到启发，找出了自己的远见力，决定出租学校的屋顶作为广告空间。

"广告？"你可能会琢磨，"真的吗？学生、老师、家长都不会去那里啊。"

话是不假，但底特律机场就在不远处。该机场每年有三四千万人通过，这意味着每天约十万人能看到屋顶的广告。

反其道而行，效果更佳

在前面的章节中，我们发现，最大的挑战和我们认为的最大挑战是完全不同的概念。但是，在寻找核心问题的过程中，我们并不能轻松确定寻找的方向。有一种方法可以让问题浮出水面，那就是，注意大家都在看的地方，然后看向相反的方向。

逆向思考这一策略往往能以惊人的速度揭示实际问题的解决方案，化无形为有形，甚至能解决你浑然不觉的问题。

记得前面提到过的发明家朋友戴尔·摩根吗？戴尔最近跟我提到

他准备为远洋巨轮的设计申请专利。戴尔告诉我，几十年来，造船业都在为设计出更大的远洋船只而努力，设计者们想出各种可能的办法来完善远洋船只船头的精确形状，使得船只在乘风破浪时能够达到最佳性能。"那么，还有什么可以去探索发明呢？"戴尔这样自问，然后笑道，"还有船尾。"

据戴尔·摩根的说法，水对远洋船只的阻力有 30% 来自于船舱，而船只转向时受到的阻力更大。戴尔申请了智能舵专利。这种智能船舵的桨叶本身就具有活动的表面，可以非常精细地调整，甚至改变形状，从而能够在航行中进行调整来降低阻力。戴尔估计，他的智能舵能够将阻力减少达 80%，大大节省燃料消耗。

设计师们专注于船舶的前部，戴尔却想到了相反的方向。

在前言我们简要地揭示了这个逆向思考的方法是典型的远见力战略，注意这些例子，如纳米化（不是变大，而是变小），水下石油钻井平台（与其花更多的钱保护水面钻机，不如把它们放在海底）。下文列举的几个不同领域的成功例子，都采用了逆向思维的方法出奇制胜。让我们重新审视这些例子，仔细看一下它们如何反其道而行并获得成功。

亚马逊

巴诺书店带领传统书店的规模与内容达到了全新的领域，打造了超级书店。但贝索斯反其道而行，把书店去实体化。

不久，巴诺书店与博德斯书店等大型图书零售商纷纷跟进，开启虚拟书店。亚马逊又与它们反向而行：它增加了消费类电子产品、玩具、服装、家居及园艺设备……总之，各种货物应有尽有。接着，它将过剩的技术能力租赁给其他公司，作为它们的一个虚拟 IT 部门。亚马逊成为第一大虚拟书店后，又变成了一个虚拟百货商场。

卡骆驰

随着电视剧《欲望都市》（*Sex and the City*）于 2004 年完结，剧中高档的莫罗·伯拉尼克（Manolo Blahnik）高跟鞋风靡一时，但谁买得起呢？很多制鞋企业都试图模仿这种纤细、别致的鞋子，除了乔治·彼得科尔（George Beodecker）。他反其道而行，无可否认，塑料鞋其貌不扬，但引起了不小的轰动。

戴尔电脑

戴尔看到 PC 行业对零售商的过度依赖，于是反其道而行，进行直销。其他个人电脑制造商都是开发不同的产品线，通过零售店卖给消费者；戴尔则是在互联网上公布所有选项，然后邀请消费者自己来设计，给消费者提供了充分的选择范围。

捷蓝航空和西南航空

有别于传统航空公司的辐射型枢纽系统，捷蓝决定反其道而行之。推出基于点对点系统的低成本航班。让它在别的公司遭受损失甚至破产的时候，还能够保持盈利。

捷蓝的创始人来自以"反其道而行更佳"为文化的美国西南航空公司。西南航空几乎在所有事情上和传统大型航空公司背道而驰。西南航空不提供事先订位，而是登机时才分配位置，先到可以先选位置。听起来很疯狂，但运作起来很顺畅。到 2007 年，从每年运载的乘客数量来衡量，美国西南航空公司已成为世界上最大的航空公司。

KIVA

2004 年，马特·弗兰纳里（Matt Flannery）和杰西卡·杰克利（Jesscia Jackley）走访东非农村，他们被当地的经济状况惊呆了。他们惊讶的不是当地生活贫困，而是当地人的创意思维。他们见到的并不是贫困无助的受害者。他们需要建立自己的小企业，但创业所需的资金太微不足道了（甚至 100 美元就足以开店），不会有风险投资公司愿意放一百块钱的贷款，因为这个金额勉强只能支付交易费用和合约快递。

马特和杰西卡就愿意放小额贷款。2005 年，这两个人创立了KIVA，世界上第一个对等微型借贷企业，走向了大风险投资公司相反的方向。到 2009 年，已有超过 60 万的个人通过 KIVA 网站进行小额借贷，全额还款率超过 98%。并且，已经有超过 25 万个人创业者（其中超过 82% 为女性）收到了资金，这些小额贷款的总金额已经突破一亿美元。

Netflix 公司

百视通公司通过录像带出租店的模式发展壮大。新贵 Netflix 公司走了相反的道路。Netflix 跳过实体店，直接虚拟操作。同样重要的是，它的颠覆性经营模式：不是以租借影片收费，而是只要缴纳了包月费，无需支付额外费用， 客户就能尽享所有视频。

百视通在努力追赶，推出邮递租片服务和免滞纳金的政策， 但在数字化直线发展的世界中，追赶总是要晚一步。不久后，百视通为了止损，只好关闭数百家门店。

星巴克

曾经，咖啡是一种在餐馆里随餐提供的廉价饮料，就跟面包卷和黄油一样。你去咖啡馆一边吃三明治一边闲聊，点一杯咖啡只要 25美分，没有人会多想。星巴克改变了这一切，它把咖啡变成了主角，三明治和糕点则成了配角。人们不再只能从高卡、低卡咖啡中二选一，而是有了几十种选择，我们也很乐意为这种体验付出三四美元。

也许现在对此很难完全理解，因为星巴克帝国家喻户晓，大家已经习以为常。但想象一下，1990 年，星巴克仍然只有几家店面，人们对于星巴克会成长为全球帝国一定会觉得不可思议，有人会买 4 美元一杯的咖啡吗？这是精神错乱了吧。

大众汽车

20 世纪 60 年代，美国车市掀起了一阵风潮，把车做得更大、更时尚、更酷。但这家德国公司吞并了一大块美国市场，用的却是一款矮胖、难看的二战时期的"甲壳虫"。越大越好的核心信念根植于 60 年代的文化中，大车是当时的主流。大众汽车在其最著名的广告中，宣扬了在当时看来违反直觉的"小而美"。如今，大众甲壳虫成为经典车型，它无疑是史上最畅销的汽车设计。

多年过去了，大众汽车仍具有卓越的远见力。该公司最近在德累斯顿市中心新开了一家工厂，专门生产辉腾车。这间工厂与你想象的汽车厂完全不同。它是全透明的：墙是玻璃的，一览无余，地板不是混凝土，而是加拿大枫木。厂房相当干净，工人要戴白手套。几年前，德累斯顿歌剧院遭遇水灾，大众工厂的车间于是被租借出去演出《卡门》。

Zappos

互联网泡沫时期，许多公司推出了华丽而看似富有创意的产品，但是在几年甚至几个月之内就惨遭滑铁卢。只有极少数人在经营路线上如履薄冰，更加小心谨慎。Zappos 公司就是一个很好的例子：初创于 1999 年，这家网上鞋业零售商在网络泡沫破灭后逃过一劫，十年后，销售额超过十亿美元。

它完成这一惊人壮举的原因之一，是它与大多数公司做的事情有点不同。实际上，是有很大的不同。下面是该公司公布在网站上的十大核心价值观，从中可见一斑：

- 通过服务交付给顾客惊喜的产品
- 拥抱改变，带动改变
- 有趣，又有点搞怪
- 敢于冒险，勇于创新，且豁达
- 追求成长和学习
- 建立彼此沟通、开放和诚实的关系
- 打造积极的团队精神和家庭氛围
- 事半功倍
- 要充满激情和决心
- 虚怀若谷

Zappos 所用的不寻常的策略就是反其道而行。有一个很好的例子，**Zappos** 公司会对刚进公司的新员工进行四个星期的培训。前两个星期，他们会了解公司的历史文化和客户服务理念，接下来的两个星期，他们会开始接听电话，并且整个月都是全额工资。然而，在第一个星期结束时，公司会询问新员工是否想要离职，有意者仍可以领到这周薪水，并且加 2000 美元的现金离开，不再参加任何进一步的培训。

公司将它称为"立刻走人红包"。其余的三个星期也适用。

他们为什么要这样做？因为他们要确保雇用真正想在那里工作的人。总裁谢家华（Tony Hsieh）说："我们在 2007 年开始这个政策，约 3%的新员工拿了红包。2008 年，我们注意到，只有不到 1%的人拿了红包，所以我们提高了红包的金额。其实，一开始是 100 美元，但是只要看到拿红包的人不够多，我们就会加码。"[1]

有些公司提供奖励吸引人才，也有公司提供更诱人的奖励来留住人才。Zappos 公司却提供 2000 美元要你消失。从办公室气氛和员工士气上看，Zappos 总部是美国最好的工作场所。

没钱变有钱

说到预算和财务问题，最常听到的说法就是："那是不可能的。"当然，在这样的背景下，措辞一般可能是：我们买不起。但远见力让我们能够看到不可见的东西，做到不可能的事。"我们买不起"，这句话也就变得不恰当了。

每当你听到有人说"我们买不起"，或者自己这么说了，切记：你可能错了。正如上一章所说，我们以为的最大问题通常根本不是问题。一旦我们跳过自认为的最大问题，也就找到了核心问题，逆向思考则能够找到多种解决的途径。

下面我们将介绍三个例子，包括一所小学、一所大学以及一家《财富》500 强企业。

百万小学智囊团

上面提到，底特律地区的学校系统使用远见力，想出一些创新的方法来创收。20 世纪 80 年代末，我公司的教育事业部曾与威斯康星州北部的学区合作，该学区筹集不到足够的资金来满足教学需要。他们也通过接近商界领袖来筹钱，反响不一。作为显赫的企业领袖，这些著名的企业家经常被搭讪，请他们支持公益事业。虽然他们非常具有社区意识，但钱只有这么多，他们也无法全部贡献力量。

我们决定寻找一种方式来扭转局面。

"我们一直问他们要钱来帮助我们解决问题，"我建议道，"如果反过来呢？我们可以询问他们有什么困难，然后由我们来帮助他们解决？"

孩子们最富创意。如果创意不用在建设性的事情上，就可能产生麻烦。这些学校有几百个孩子，他们的创造力却没有任何特定的出口。我们是不是可以把一些现实问题交给孩子们，看看他们是否能想出一些有创意的解决方案来？那么，要怎样激励他们去尝试？我们可以说：
"嘿，我们成年人不知道怎么办！"

有一个城市的市政当局，困扰于垃圾处理问题，主管准备花钱请
一家昂贵的纽约事务所来帮他们解决。后来，他们把这个问题交给了
当地一所学校的学生。果然，他们想出了解决办法。于是市政府支付
给学校一笔钱，比起要支付给咨询公司的报酬要少得多，但对学校来
说，这是一笔大额意外收获。

几年后，我给伊利诺伊州的一所学校说起这个故事，他们也跃跃
欲试，并请我帮忙联络一些企业。当时我刚好在为摩托罗拉做咨询服
务，于是我给双方牵线搭桥。摩托罗拉研发部门的人员跟一群小学生
碰面，正是这些学生触发了研发团队的远见力，设计出了蜂窝式的翻
盖手机，推出了"掌中星"（StarTAC），成为那个时代最成功、最
有影响力的手机设计。

孩子们应该得到鼓励，摩托罗拉也是如此：他们原本可以跟一群
博士研究人员讨论，却选择了相反的方向，向小学生智库讨教，最终
创造出了当时最成功的手机设计之一。

预算缩减问题

最近我与加利福尼亚州一所著名大学的工程系系主任有过一次会
面。我们只有大约二十分钟的时间交谈，所以开门见山，他提了一个
问题：加州州长最近削减了 10% 的教育预算。

"问题很严重，"他说，"工程专业在下学期要迎来的学生比以往
多 30%，但我却必须把预算缩减 10%。我们无法减少校园设施的固
定成本，唯一可以削减的就是工作人员。因此，学生增加了 30%，而
教学人员却减少了 10%。教学工作怎么进行下去？"

这的确是一个很大的问题，显然无法解决，而是要跳过去。这时，
我想到与裁员相反的是聘用人员，所以问他工程专业的教员平均工资

是多少。得到答案后我又问："每个教员为学校带来的研究款项及补助金平均是多少？"这个数字竟然是工程系平均薪水的两倍左右。

"这可能就是我们需要的答案，"我指出，"你需要雇用更多人而不是解聘员工。要解决削减10%预算的问题，我能想到的唯一办法就是聘请更多的工程学教授。"

反其道而行更有效。

系主任向校长报告了这个令人兴奋的想法，可想而知，立刻被否决。系主任能看到可见的未来，但校长不能。他打电话给我，告诉我这一结果。"但是，你知道吗？"他补充说，"我会不顾一切去做。我会再雇用十个新人。我可能会受到责难，但新聘教授带来的经费比雇用他们的花费更多，所以一定没问题。"

百万美元的广告

美国体育界有很多比赛、很多场馆，超级碗是其中之最。在美国打广告有成千上万种方式，但只有一个广告圣地：超级碗广告。全美电视直播收视率最高的就是超级碗，这也是最昂贵的广告位，收费高达每秒 10 万美元。大消费品公司通常把最大的广告预算和顶级公关人才投在这短短数秒内，争取曝光率。

多年来，菲多利（Frito-Lay）在超级碗砸下数百万美元，用大量广告来主推多力多滋玉米片。2007 年，他们决定做一件完全相反的事。"与其雇用最优秀的专家，付给他们几百万的工资，不如聘请些业余爱好者，这样一毛钱都不用花！"

听起来很疯狂？但是疯得很精明，展现了灵光一闪的远见力。因为处理能力、存储能力和带宽的爆发式增长，普通消费者现在也能用电脑做出高品质广告，跟电视上的广告不分伯仲，菲多利非常了解这一点。他们于是逆向思考，没有采用被动的广告，而是让目标受众参与进来，同时还通过广告本身具有的新闻价值，得到了媒体曝光。

他们推出了一项名为"大闹超级碗"的活动，征求消费者自制多力多滋广告。公众投票选出最好的广告，并在超级碗播出。最终，由于投票结果非常接近，有两支广告登上了超级碗，并取得了不俗的效果。根据尼尔森调查，这两支广告都入选了去年最受欢迎的五支超级碗广告，其中一支广告的费用仅为 200 美元。

消费者的投入程度让菲多利出乎意料，甚至在超级碗结束后，还有许多人寄去作品。两年后，菲多利公司又举办了一次比赛。这次获奖的作品被《今日美国》（*USA Today*）评为年度超级碗最佳广告。广告制作人是一对失业的兄弟，他们通过这支广告赢得了 100 万美元的奖金。

小举动，大影响

有时候，反其道而行这个小小的举动可以产生巨大的影响。宝洁的研究人员问了一个十分简单的问题：不用温水只用冷水能否把衣服洗干净？

2003 年，这家消费品巨头的全球可持续发展部门（没错，他们有一个部门如此命名，莱恩·索尔斯［Len Sauers］是该部门副总裁）针对旗下各类产品对环境的影响进行了广泛的审计。其中较为显著的结果是，在所有的家用产品中，"洗衣粉"这个类别的耗能占家居耗能的比例最大。为什么？因为洗涤衣物过程中加热水要耗能。事实上，美国家庭能源账单的 3%~4% 都用于加热洗衣服的水上了。

宝洁的研究人员花了数年，找到了真正有效的方式，发明了用于冷水洗衣的洗衣粉。它具有同样的洗涤效果，价格却不变。事实证明，研发这种洗衣粉是一个极其复杂的任务。

2005 年，宝洁推出了当时名为汰渍的冷水洗衣粉。宝洁这样描述：

像普通洗衣粉一样，汰渍冷水洗衣粉中含有表面活性剂。表面活性剂分子包括两个部分：亲水基和疏水基。亲水基能够分解水体表面的张力，而疏水基能够清除污渍中的油脂，将油脂带离织物。

汰渍冷水洗衣粉的设计增加了表面活性剂的数量，使得表面活性剂能轻易地渗透到织物中，并用高分子技术，防止污垢再沉积到织物上。

"用冷水洗涤，"莱恩说道，"我们发现，平均每个月家庭耗能账单减少的金额，相当于每个月购买洗衣粉的成本。这意味着你的衣服基本是免费清洗的。"

但是，关于这方面的努力，真正具有讽刺意味的是：钱没有进入宝洁的口袋，因为产品的成本大致不变，消费者才是真正的受益者。那么，宝洁得到了什么好处？这涉及更深层次的愿景问题。

再看看影响的范围。约 35 亿人每天都在使用宝洁的产品。全球可持续发展部门的研究人员设想，如果他们能找到一种方法让消费者改用冷水洗衣服，汇总起来将会对环境产生显著的影响。他们是对的。如果美国的每个家庭都用冷水清洗衣物，我们将每年减少 400 万吨的二氧化碳排放量，相当于《京都议定书》目标的 8%。

在美国市场推出之前，宝洁先在荷兰举办了营销推广活动，让人们了解冷水洗衣的环境效益。这一活动开始时，荷兰只有约 2% 的人用冷水洗衣服，经过十八个月的广告攻势之后，比例上升到了 50%。同时，在英国也推出了类似的广告，冷水洗衣服的人从 2%~3% 升高到 20%。

将能源带入人们的生活

我们正面临电力问题。俗话说"知识就是力量"，也的确如此，但另一个真理是：增加知识绝对少不了电力。

截至 2008 年底，每月上传到 Facebook 的信息总量约为 70TB，或 70000GB。视频网站 YouTube 上的所有视频约有 530TB，是 Facebook 每月上传信息的近八倍。然而，即使这样汹涌的视频流量，与谷歌的海量信息相比都要俯首称臣。谷歌的服务器每 72 分钟处理约 1PB 的信息，相当于 1000TB，即 1000000GB。

这个数字还会继续增加吗？相信各位都具有足够的远见力来推测出答案。它指向我们还未解决的"垂直向上"增速的一个方面以及数字化油门 3 的数据存储。有关存储的好消息是，它变得越来越便宜。坏消息是，它也吞噬了越来越多的电力。存储需要服务器，而服务器需要使用电力，这就是为什么谷歌和微软已经建立服务器集群（Server Farm）。（事实上，谷歌最近沿哥伦比亚河开发了一个服务器集群，就在邦纳维尔水坝不远处。）在 CD 或 DVD 上存储数据并不使用任何电力，除非你要访问它们。但存储数据的服务器却从不关闭，因为所有的内容必须能够全天候访问。

随着信息处理继续垂直增长，我们对高品质电力的需求也将垂直上涨。这是一个技术驱动的硬趋势。换句话说，这不是猜测，而是必然会发生的事。那么，电力从何处来？

这就把我们带回到了威廉姆·杰文斯所提出的《煤炭问题》。虽然工业化世界的内燃机主要依赖石油及其各种衍生物来运行，煤炭仍然是生产电力的头号燃料。我们的电动机，包括电脑都是由燃煤发电产生的电力带动运行的。暂且不论煤炭是否短缺，仅仅考虑环保，我们也不可能长期持续挥霍煤炭。

然而，燃料本身不是唯一的问题，发电厂也令人头疼。现在，世界各地的发电机和变压器以 90% 的产能运行。建立新工厂需要多久？至少三年，设计则需要更长的时间。美国电力基础设施已有三四十年的历史，这些设施不仅仅是指发电站，输送电力所需要的基础设施也是如此。

对于未来的预期是：我们将需要更多的电力，我们需要找到智能的发电方法，而且刻不容缓。

2008 年总统选举季，提倡风电的亿万富翁石油商 T. 布恩·皮肯斯（T. Boone Pickens）买下了大量电视广告时段，把他的远见力跟大家分享。皮肯斯一遍一遍地强调说，美国是风力发电的沙特阿拉伯。

不过当然还有一个问题。风电场可以利用大自然的力量产生大量的电力。但是，如何让所有这些电力输送到需要的地方去呢？

这是风力发电梦想的阿喀琉斯之踵：传输是一场噩梦。远距离传输损失很大，加上全国电网持续老化，要将风电输送到人口密集的地方，对金钱和基础设施都是一大考验。

风力发电前景虽然广阔，但输电问题拖了后腿。数百名设计师、发明家和技术人员费尽心力来解决这个问题。有一个 IT 工程师兼企业家叫马克·希罗尼（Mark Cironi），想出了一个办法跳过这个问题。他通过观察别人都在做的事，然后反其道而行。

风电产业主要通过建立越来越大的风力涡轮机，把它们安装在偏远地区，附近不能有建筑物阻挡，有树也要砍掉。

希罗尼通过他的公司——绿色能源技术（Green Energy Technologies），采用了一个颠覆传统的做法。他的建议不是把风力涡轮机建在偏远、空旷的地方，而是把它们放在最拥堵的地方，就建在大城市中。

"这是风电行业的一大空白，"马克说，"现场发电在太阳能发电中司空见惯，太阳能面板在建筑和住宅中随处可见。但却几乎看不到风力发电。"

为落实这一新方法，希罗尼与大卫·史皮拉（David Spira）博士联手。史皮拉是美国风能权威之一，主导美国国家航空航天局（NASA）的风洞项目多年，是美国兴建风力涡轮机组的第一人。

熟悉的开放式风车将被取代。绿色能源技术公司的模型是基于所谓的外罩系统，用纤细的叶片划过空气（偶尔也有不知情的鸟类遭殃）。它在设计上类似于喷气飞机的涡轮发动机，一组叶片用于放大或增加可用风力的影响。

"澳大利亚和德国已经尝试了笼罩系统，"马克说，"但没有人真正考虑过商业化应用。因此，我们决定这样做。"

希罗尼及其团队的做法令人赞赏。他们利用现有发电机技术和现有组件，简单地颠倒整个设计，使得涡轮机带动发电机，而不是让发电机带动涡轮机。

"我们不需要把空气推出去的螺旋桨，"希罗尼指出，"而是要研发出把气体吸进来的叶轮，我们要将整个模型反过来。"

这样的操作方式是在颠覆传统。常规的风车最高可达 225 英尺高，加上 150~200 英尺的叶片。希罗尼的风车只有大约 25 英尺高以及 10 英尺长的单个叶片。

正如他所说的那样："现在你只能把风力涡轮机做这么大，然后逐渐把它们缩小，直到能把它们提供给需要使用能源的人。"

结果令人印象深刻。"平均风速达每小时 13~14 英里时，用户每年将得到 120~140 千瓦时的电量。如果屋顶足够大，风力发电机的间隔就足够远，彼此之间就不会互相干扰，这样可以实现每年 100 千瓦时到 200 千瓦时的电量。"

换句话说，以目前的速度，一个屋顶发电系统将产生大约两万美元的价值。截至本书撰写期间，希罗尼的经销商，一个主要的芝加哥建筑公司，正提议在一些城市的大型建筑物顶上以及在纽约的炮台公园安装风力发电系统。

更有趣的是风力机组背后的技术。

"我们有一个内置的风速计来测量每一秒的风速和风向，并传回信息系统。"希罗尼说，"我们不再使用齿轮箱，而是使用嵌入式软件来管理系统施加到马达上的阻力，调节电动机的运转，以适应实时环境中每分钟的波动。"

这是运用了技术进步的第四个途径：产品智能化。

"智能嵌入系统已经很常见，"曾在 IBM 工作多年，担任过甲骨文（Oracle）区域经理的马克解释说，"对操作过自动化车间和其他自动化制造设备的人来说，和 PLC（可编程逻辑控制器）一起工作是一种本能。但是要将 PLC 集成到涡轮系统则是非同寻常的事。"

"就在五年前我们还办不到，"他补充道，"很多我们现在使用的自动化技术也还没有到位。"

希罗尼指出，到 2020 年，预计美国电力内需将增加 20%，而产能预计只有 10% 的增长，留下 10% 的缺口。马克预计，他们的就地风力发电系统可以填补至少 5% 的缺口。

绿色能源技术公司的屋顶外罩系统充分说明了远见力原则的威力：它可以让风电产业跳过它最大的问题（线路传输），对主要概念反其道而行，并通过增加产品的智能化，改造用风车发电这个有着百年历史的想法。

如果我们更进一步呢？风电机组是智能化了，但如果我们把叶片本身也智能化，就像戴尔·摩根设计的智能船舶螺旋桨一样，又会怎样呢？眼下，整个叶片可依靠转动改变距离，改变轴的角度等来改变空气的切入量。如果原来的独立叶片能智能化，不仅能改变间距和角度，还能改变性状，实时对环境最微小的变化作出响应，又会怎样呢？

深埋的宝藏

加拿大阿尔伯塔省的东北角，在 54000 平方英里的地下，蕴藏着全球沥青储量最大的阿萨巴斯卡油砂。沥青是原油的半固体形式，这里有超过 2 万亿桶储量，该资源大致相当于世界已知的常规石油的总储量。换句话说，另一个沙特阿拉伯就在北美。

问题是，我们怎么把它弄出来？自由流动的石油储藏在地下深处，这种相对较浅的沥青砂混合物无法通过传统的深井钻探开采。如果用传统的露天开采方法（包括露天开采、山顶和拆除采矿）挖出混合物，需要用腐蚀性的高污染溶剂从油砂中分离出沥青。这样做不仅对环境有害，而且耗能很高，违背了企业的宗旨。

布鲁斯·麦吉博士（Dr. Bruce McGee）有不同的想法：与其把沥青砂的混合物挖出来，为什么不在地底就将沥青与砂砾分开？

事实上，这一技术已经存在。通过深注入蒸汽，加热地面上的沥青，使沥青液化，然后用泵抽出。但这个过程也有不小的负面影响。例如，产生蒸汽需要消耗天然气来加热水，阿尔伯塔省的油砂产业消耗的天然气目前占用该地区全部天然气产量的 4%，并且这一比例还在节节攀升。同时，这个过程也消耗了大量的水，耗用了该区域宝贵的资源，并产生很多二氧化碳。

麦吉博士再次反其道而行，他设计了一种低温过程，而不再采用高温流程。

早在 1980 年，麦吉在阿尔伯塔大学就读的时候，就从一位电气工程学教授的演讲中得到启发。1995 年，麦吉攻读博士学位时，通过他成立的麦克米兰－麦吉公司（McMillan-McGee Corporation），第一次使用该过程改造污染的土地，将受污染土壤在低温下加热，使有毒化学品汽化以便于收集和提取。麦克米兰－麦吉公司已经确立了自己在土壤整治业务方面的一席之地，并经常承接能源部的复垦工作。2004 年，麦吉博士成立了第二家公司——ET 能源（E 和 T 分别代表电能和热能），他想将这一技术应用于挖掘阿萨巴斯卡油砂。

ET 能源公司使用与麦克米兰－麦吉公司完全相同的程序，但目的却大相径庭。ET 能源不是用它从土壤中吸取有害物质，而是用它提炼阿萨巴斯卡油砂中的宝贵物质。

工人们首先钻出多个小洞，插入通电管道，建立电极网格。通过电极之间的电流，将土壤加热到 200 ℉（93℃），将沥青液化成类似于 10/30 机油的黏稠状，使其能够被泵抽送至地面。

这是一个令人惊叹的程序。首先，它迅速且有效。在使用该程序处理的区域中，有 75% ~80% 的土壤可在一年内恢复。相比之下，使用深注入蒸汽法，土地恢复将需要十年以上的时间，露天开采的恢复期则长达二三十年。

它也是一种非常经济的做法，成本小于其他任何一种表面采矿方法。并且，对比其他方法非常环保，只要使用一点水，且无需额外的燃料作为动力（所需要的只是功率不大的电流，现有电网即可供电），并且不产生腐蚀性副产品或污染物。

据 ET 能源公司估计，该技术可以获得约 4000 亿 ~5000 亿桶阿萨巴斯卡油，成功率达到 70% ~75%。采取较为保守的估计（4000 亿桶，成功率为 70%），约有 2800 亿桶，比沙特阿拉伯的全部储量还要高出 30%。

匠人所弃的石头

我之前说过要重新审视世界石油问题。这个问题的部分原因是石油的地缘政治。如果把未来交给如沙特阿拉伯、伊拉克和委内瑞拉等石油国家，美国和其他发达民主国家的政治和经济都会遭受灾难性的结果。而麦吉博士的方法可以让我们完全跳过这个问题。

但是，我们能否跳过石油问题呢？

面对近年来燃料成本的上升，美国采取的政策是从玉米中提取乙醇。这已被证明是错误的选择。这是标准的事后诸葛，而不是先见之明。

　　一些研究指出，需要消耗 10 加仑的燃料，才能种植足够的玉米来生产 7 加仑乙醇。这是净亏损的生意，就像用 1 美元的成本获得 70 美分。更糟的是，由于乙醇行业需要的玉米是食品和饲料工业的重要原料作物，于是燃料与食物供应直接竞争，造成的经济冲击波及全球。世界范围内粮食成本上涨得非常厉害。过去几年中，世界一些地区已经打破了粮食价格平衡，引发了骚乱。没错，巴西的甘蔗乙醇生产已有几十年的辉煌历史。但它们使用的材料，是甘蔗在生产动物饲料过程中遗留下来的废弃物，食品和燃料的生产是相辅相成的，而不是相互竞争。美国要用玉米扶植生物燃料工业已被证明是有问题的。这就像亚洲用水稻当燃料：养活了机器，饿死了人。

　　SunEco 公司的 CEO 土壤复垦专家丹·高奇（Dan Gautschi）有不同的想法：如果我们不使用人人重视的玉米当材料，而是使用最讨厌的植物呢？

　　高奇已经在环境整治领域工作了二十多年。每当工业废水污染造成生态系统失衡，高奇就是企业求助的专家之一。他的主要客户群是废水处理厂，他已经花了二十年时间与他们的头号克星藻类战斗。

　　二十年的时间，丹·高奇一直与藻类为敌。现在，他已经发现了一种方法，能够把他的死敌变成朋友。事实证明，藻类毫不夸张地说是大自然的败类，但也能够价值万金。藻类无处不在，生长在每一个角落和每一种极端环境中，深海之下、火山之内、极地冰冠、严酷沙漠，不管什么环境，藻类都能茁壮成长。藻类是地球上最古老的生物之一，它们非常灵活。藻类的某些菌株甚至可以产油。事实上，它们能产生非常丰富、有用且等级相当高的油。

　　丹不是第一个有使用藻类生产石油燃料想法的人。大型石油公司已经花费了数亿美元进行研究，试图开发超级产油藻的转基因品系。

　　然而，还有一个问题。一旦在单一品种的封闭池塘培养出最好的产油水藻后，你必须允许它进入开放的环境来大规模生产，但是可能产生两种结果：要么产油水藻被当地物种消灭，毕竟原生物种演化了数百万年，具有霸主地位；要么产油水藻强大到能杀死一切。在第一种情况下，你的项目失败了。第二种情况下，你则创造出了一种怪物，无论前景多么具有吸引力，它灾难性的规模将对环境造成严重破坏。

所以，丹和他的团队反其道而行。他们不再通过封闭的系统来培育产油专用水藻，而是顺其自然混养不同种类的水藻，在同一片星辰日月之下的露天池塘中培养一种天然混合藻。

这是一个有趣的过程。藻类养殖场工作周期运转（一个所谓的"成长季"），大概为三到四个星期，这取决于环境条件。周期前三分之二的时间，藻类养得又肥又舒适。但最后三分之一时间里，团队急剧减少饲料供应。藻类感到压力后，进入生存模式，从光合作用自养切换到异养阶段。就像一头熊准备冬眠一样，藻类开始建立脂肪，这就是油的来源。周期结束时，通过将藻类分成三个流向，他们收获了富油藻类。油从藻类顶部提取，中间是净化过的水，可以再循环，最后沉降到底部的是一种营养丰富的绿色物质，很适合用做牲畜饲料。

没错，与其和农业竞争，消耗玉米或其他粮食作物生产乙醇，高奇用水藻产油的过程实际上有利于农业。"奶牛很喜欢这些水藻饲料，" Sunthenoil 的 CEO 基思·迈耶（Keith Meyer）说。Sunthenoil 是 SunEco 的姐妹公司，负责藻类养殖的具体运作，该公司的名称描述首要前提，即通过培养藻类，将太阳能直接转化为油。"这种藻类含有很高的蛋白质和脂肪，并有微量维生素 E。"

对了，还必须提到高奇对土地的利用。藻类不需要占用耕地就能茁壮成长。事实上，它们更适合在传统农业无法开展的地方养殖。Sunthenoil 公司在加州沙漠的索尔顿湖地区有大型发展项目。此处环境恶劣、土地贫瘠，含盐量较高，甚至比真正的海水盐度还高，索尔顿的苦咸水负担了污染物和农业径流。事实上，索尔顿湖本身就是近百年人工径流的直接结果。没有鱼类生存，曾有过大规模鹈鹕和其他鸟类相继死亡的现象。

对于高奇的藻类来说，这里却是天堂。

"这种藻类养殖场适合于任何环境，无论是戈壁还是撒哈拉沙漠，只要有水和额外的有机物质，比如绿色的废弃物、粪便、人类排泄物、降解过的纸浆即可，实际上任何东西都可以。"迈耶说。

这个过程生产出来的油相当具有成本竞争力，每桶只要 30 美元。占用相同的土地面积，用水藻产油所使用的水仅相当于农业作物的四分之一，并且每英亩水域就能生产约 3.3 万加仑的油（考虑到水塘的深度，这大约相当于一英亩耕地的五分之一）。给沃尔玛运送货物的货运公司 JB 亨特（JB Hunt）大规模使用水藻燃油，效果显著。卡车所用的汽油一半来自石油，另外一半来自藻类，他们发现功率没有损耗，相当省油，并减少了 82% 的颗粒排放量。相比石油，水藻油具有更轻更高的润滑性，用它发动卡车更容易。

《圣经》的《诗篇》说："匠人所弃的石头，却成为了基石。"

高奇的水藻产油可以说是反其道而行的典范，实在找不到比这个范例更实际的例证了。在最偏僻、最荒凉的土地上种植最原始的无用作物，却产生出干净的水、新鲜的牛饲料和丰富的生物燃料石油。

未来总是赢家

兼容并包原则告诉我们，像高奇的产油藻这样具有革命性的产物不会取代石油燃料，它们将相映成趣。有数百个逆向思考的想法能够证明我们将进入多能源的未来，而希罗尼的风电技术、麦吉的沥青提取技术、高奇的藻类养殖场只是其中的三个。值得玩味的是，谁将主导和推动这些想法的实施呢？

　　布鲁斯·麦吉和他的 ET 能源公司的产油量，能够在北美开产出抵得上整个沙特阿拉伯的石油，并且经济和环境成本要小很多，还避免了地缘政治风险。然而，具有讽刺意味的是，麦吉和他的伙伴们找不到能够合作的大型石油企业。事实上，他们能够证明该技术可行的唯一办法，是靠自己取得石油开采租约并自行融资。

　　"要让各大石油公司能够正确评价这项技术很难。"ET 能源的董事乔治·斯特普尔顿（George Stapleton）说："因为四十年前的方法仍然能让他们赚钱。"

　　墨守成规是我们向前发展的最大障碍。真正的障碍，如今已不再是技术或物质，而是态度。我们的一些习惯可以追溯到几个世纪甚至上千年前，例如保护自尊心和封地，如抗拒变化和占有专利知识。在稀缺经济中，这种态度是生存的法则；在丰饶经济中，则是自毁。

　　数字化转型的一个原则是：只要有可能，必将会实现，你不做的别人就会去做。Sunthenoil 公司的基思·迈耶分享了他的观察所得，能够准确反映这一原则。

　　"有趣的是，石油巨头可能会错过生物燃料的商业机会。它们会涉足这一领域，它们甚至会宣布大的研发项目，如埃克森美孚公司就公布了基因研究经费，但它们会错过带动行业的机会。纵观古今，煤炭公司当初有可能成为石油公司，就像马车公司当初有可能成为铁路公司，铁路公司当初有可能成为航空公司。但它们没有。因为它们都错过了转变的机会。而现在，石油公司正在重蹈覆辙。"

　　这是自古不变的道理。无论何种行业，总有龙头企业，一边前进，一边却只盯着后视镜看来时的路。也会有深谋远虑的创业家，他们具有灵活性和创造性，能够看到未来的必然性。这在一定程度上相互矛盾，但远见力能够告诉我们该把赌注下在哪里。关于未来，有一件事是肯定的：未来与过去冲突时，未来总是赢家。

西南航空公司试图推出它的小航空公司（当时称为南方航空）时，被主要航空公司告上法院，历时三年的诉讼，才将它的第一架飞机送上天空。这个故事让我想起了伽利略，虽然这么说有点不敬，毕竟伽利略是最伟大的科学家之一。在伽利略的时代，太阳被认为围绕着地球转动。伽利略指出真相是地球绕着太阳转，于是他受到审判、定罪并入狱（所幸改判为软禁）。

不知为何，反其道而行容易引来抗拒。

其实这并不让人意外。毕竟，我们正在寻找的是无人关注的洞见。虽然历史上最伟大的科学、技术和社会的突破都来自反其道而行，却并没有改变人类的从众心理。

2006 年的一次会议上，我向保险商分享了水下石油钻井平台的想法。我认识了一位叫作柯蒂斯·伯顿（Curtis Burton）的人，他是海盗能源（Buccaneer Energy）的首席执行官，也是一个叫作深海之星（DeepSTAR）的项目的创始人。这让我有机会探索这一思想的实际应用。

20 世纪 70 年代末和 80 年代初，柯蒂斯率先采用浮式采油钻井平台。1982 年，他搬到北海并在那工作，又在 1987 年搬去了挪威，发现当地已开始深海采挖工作，最深达 2000 英尺。

在 90 年代初，柯蒂斯设法从德士古公司（Texaco）获得一小笔资金，尽管德士古公司对结果表示怀疑。柯蒂斯用这笔资金在所有的石油巨头中集中资源和最佳思维，探索增加勘探深度的可能性。他说服了 20 多个石油公司和 40 家石油服务公司（钻井等设备供应商等），和他一起创建墨西哥湾的深海之星项目。

当时人们的看法是，深海无利可图。当深海之星开始时，2000英尺是钻油深度的极限。德士古公司的一位高管对柯蒂斯说："任何超过 2000 英尺深度的勘探都是不可能的。"但柯蒂斯是正确的，勘探深度能够超过 2000 英尺。如今，世界各地大约有 3000 座海底油井，很多都能达到 10000 英尺，有的深达 20000 英尺。汇集行业的力量（虽然其中不乏竞争死敌）形成深海之星，是推进各大石油公司进入深海挖掘前沿领域的力量。它是石油和天然气史上最成功的研发项目。

他们是如何做到的？对此我很好奇。

柯蒂斯解释道，人类可以在水深 600 或 700 英尺的地方操作，超过这个深度则需要依靠技术。2004 年左右，他们取得了一项技术突破，可以用一个多电路复用器——实质上是一个复杂的自动控制的多头阀来控制石油的流向，让石油在海底就分流到不同的目的地。

他们没有想过把整个钻井采油工程移到海底。但是当我在那场会议中向观众提出，不久后我们就会把整个钻井采油工作在海底进行时，柯蒂斯曾点头说："是的，我可以看到这一点。它会发生。"

他停顿了一下，接着说出了这样一段令人玩味的话。

"通常情况下，当你告诉人们前瞻性的东西，你会得到两种反应。一百个听众中可能有两个会考虑你所说的话，并说'这很有趣。'他们觉得这是可能的。而其他的 98% 呢？他们会不假思索地否定你。因为他们觉得你威胁到了现状。"他叹了口气，耸耸肩说道，"先知是孤独的存在。"

镜中缘

反其道而行是一个聪明的突破战略。今天它具有更特殊的意义，因为在很多方面，我们的世界正在经历强烈而快速的变化。数字技术的加速全面逆转了环境，深刻转变了工作的核心本质。

数字时代的转变

慢 → 快

静态 → 动态

稳定 → 变动

保持原貌 → 变革

慢慢适应 → 提前先行

机械工具 → 智能工具

物质经济 → 非物质经济

稀缺 → 丰饶

孤立 → 集合

竞争 → 协作

正如我们在上一章所提到的，从基于物质（物质资源）的经济转变为基于知识（非物质资源）的经济，颠覆了财富的性质和成功的本质。这是因为一个简单道理：当你与别人分享物质资源，会消耗你自己的物品；但是当你分享知识，它却增加了一个共享的资源，形成了规模效应。

因为财富的性质彻底被颠覆，我们已经进入了一个合作比竞争更有意义的时代。开源软件就是一个生动的例子。经济全球化也颠覆了地缘政治的规则，虽然国家仍然在适应这一事实。世界像一个全面综合的经济有机体，国家你死我亡的模式越来越没有意义。但是，保护和维护自身利益是一个根深蒂固的动力，需要一番努力才能消除这种思维模式。这样，我们才能在运行新规则的世界蓬勃发展。

几年前，我和我的教女以及她的丈夫安德鲁共进晚餐。安德鲁刚从商学院毕业，在一家软件公司找到了工作。

"过去，"安德鲁说，"他们总是将销售工作外包，但现在他们决定建立一个内部销售团队，于是招募了我们。"

该公司已聘请了八位新人，像安德鲁一样都是商学院刚毕业的全A学生。我问他打算用什么销售策略。

"竞争策略。"他说。"因为这些人真的很厉害。竞争一定会很激烈，但我决心要不惜一切代价超越他们，出类拔萃。要想出头，我就要提高销售额。"

"这肯定是一条可行的路。"我说。

"为什么这么说？"安德鲁问。"难道你还有其他办法？"

"这么说吧，"我进一步说道，"这种做法是可行的，但它是一个稀缺性的模式。从丰饶模式思维来看，你应该立刻和其他七人见面，你可以这样告诉他们：

> 瞧，这家公司第一次组织了自己的内部销售团队，我们要让它成功，因为如果我们做到了，公司就成功了。所以我决定这样做，如果我发现跟客户沟通的有效方法，下班后我会与大家分享。如果我尝试的东西不行，我也会告诉大家。
>
> 我是这么认为的：如果我们中的任何一个人业绩落后或遇到困境，大家应该一起谈一谈，找出能让那人追上来的办法。如果大家都集中知识，而不是竞争，我们都会变得更聪明、更好、更快。

"很快，"我总结道，"你会发现你不仅是最好的销售员，还是销售经理，然后升到主管，很快你会去到一家更大的公司。"

他决定尝试这个方向，看看会有何进展。

几个月后，安德鲁告诉我，他与同事们会面，并提出了自己的想法，大家很喜欢这个计划，也纷纷同意采取这种丰饶合作策略。然而，他们的老板并不太喜欢这个想法。他不想让他们分享自己的知识，他希望他们独立工作，互相竞争。

"很显然他存在稀缺性的思维定势，"安德鲁说，"这种思维定势阻止我们共同努力。虽然这是一个很好的公司，但我看得出来，如果待在那里，我的未来会受限制。"

事实上，安德鲁已经离职，现在在甲骨文工作，职业生涯蒸蒸日上。而他的老东家呢？原来的销售团队只剩一人，安德鲁的前老板也从经理降级为代表。

合作所包含的前提假设，是你的利益和我的利益本质上是冲突的，但必须暂时抛开分歧，找到共同点。合作的用意是保护自己那块经济蛋糕，同时努力把它变大。合作是跟所有人共事，甚至是你的竞争对手，大家一起做出更大的蛋糕。柯蒂斯·伯顿就是这么做的，他创造了深海之星项目，成为石油行业历史上最成功的研发项目之一。

从稀缺性思维向丰饶思维转变，从零和竞争向彼此合作转变，不仅是正确的或道德的想法，在 21 世纪，这也是明智的判断。物以稀为贵的思维认为，我要隐藏想法，卖给尽可能多的人。物以多为贵的思维认为，大家集思广益，分享所有的好想法，我们就能推动强大的浪潮，水涨船高，每个人都能卖得更多。

回到美国西南航空公司的案例，看它如何执意反其道而行。

20 世纪 90 年代初，南卡罗来纳州一家名为史蒂文斯飞机（Stevens Aircraft）的飞机服务供应商扬言要起诉西南航空商标侵权，声称西南航空的新口号"Just Plane Smart"直接抄袭史蒂文斯的口号"Plane Smart"。这事本身并没有什么特殊之处，只是一起金额庞大的诉讼案罢了。当事人卑鄙肮脏，法院被堵塞，而律师致富。

只是这一次，这两家公司决定反其道而行。

史蒂文斯的董事长库尔特·赫沃尔德（Kurt Herwald）公开提出，双方何苦大兴诉讼，不如两个公司派出他们的顶级战士来决一胜负，就像老式的骑士格斗，在观众、员工和媒体面前举办腕力比赛。三局两胜，比赛中获胜方能保持口号，而失败者将捐出 5000 美元给胜出者指定的慈善机构。

西南航空作出了这样的答复：

> 本公司董事长可以每天饮一夸脱威士忌，抽五包香烟。他是非常棘手的敌手，他将采取踢、咬、刨、挠、抓甚至拉头发，来保证必胜。如果被逼急了，他还会乞讨求饶、抱怨或是可怜巴巴地哭泣。贵公司胆怯如懦夫的董事长，敢站出来与我们意气风发的大头目一决高下吗？

另外，西南航空公司还自豪地将整个过程制作成视频。视频中，西南航空的董事长赫伯·凯莱赫（Herb Kelleher）在进行训练，只见他在别人的帮助下做仰卧起坐，这样他才能拿到香烟，灌下一口威士忌。

最终，37 岁的赫沃尔德击败了 61 岁的凯莱赫，后者一只手臂吊着吊带，整个比赛期间都抽着烟。赫沃尔德宣称，他要将口号与西南航空分享，并且两家公司最终都给自己喜爱的慈善机构捐款。这场对决没有任何诉讼费用，两个慈善团体（肌肉萎缩症协会和麦当劳叔叔之家）得到了捐赠，两家公司都能够使用该口号，两家公司都得到了公众的善意和大力宣传，数百名员工则在达拉斯著名的摔跤赛场开怀大笑。

对于历经三年的官司才得以成立的航空公司而言，这是一个相当难得的一刻：西南航空反其道而行。

▶▶▶ 行动准则

触发远见力有个很有效的办法：看看人们关注的方向，然后向相反的方向寻找。关注没有人关注的领域，能使你看到没有人注意到的机遇，也就能做到没有人做过的事。

➤ 列出你的竞争对手正在做的所有事，逐一检视，自问，我怎样反其道而行才能抢占先机？

➤ 你所在行业的主流思想是什么？反向思考，寻找机会。

➤ 将目标细分，审视各部分，问自己：有没有一种方式能够将其中的一个步骤、一个部分或一个因素反其道而行来取得优势？

➤ 列出你所在的领域里所有人都在从事的关键要素或步骤，逐一检查是否有创新的方式，有没有办法做与其他人完全相反的事？

➤ 未来总是赢家。要知道，墨守成规肯定很快会变得过时。走没人走过的路，才可能赢。只要有可能，必将会实现，你不做的别人就会去做。

➤ 合作能创造更大的蛋糕。看看你现在的工作，问问自己：有没有方法可以与其他人合作，让工作更有效果？

重新定义
和再创造

在一个只有 1.6 万居民的小镇，四分之一的人口都在同一家公司上班。从公司地址可以知道它的位置，也可以了解公司的经营哲学。自 20 世纪以来，爱荷华州牛顿镇一直是世界洗衣机生产重镇，美泰克公司（Maytag）是其皇冠上的明珠，总部设在镇上的可靠广场（One Dependability Square）。

2007 年 10 月 25 日，被惠普公司收购的两年后，美泰克关闭了工厂，停止了生产。下面是伊丽莎白·爱德华兹（Elizabeth Edwards）描述的当时的情景：

> 最后一天上班，美泰克的一些员工脱下工作靴，并排放置整齐，穿着袜子走去停车位。靴子象征着过去，无法和他们一起走向下一段旅程。如果美泰克的工厂还在，这些靴子现在应该还整齐地排放在工厂门口。某种意义上说，他们离开了原有的人生蓝图，那幅蓝图上已经不再有这个地点。这个举动满是伤心和气愤。[1]

这是一个心酸的画面，排成列的工作靴仿佛表达着不满的情绪，为何企业在残酷的经济考量下，夺走了员工的生机？这个下场是完全可以预测，可以防止的。发生在牛顿镇上的这场悲剧，根本原因是，可靠广场的这家企业与 99% 的美国企业一样，依靠了错误的东西。

21 世纪，唯一可以依靠的就是变革。这意味着你不能走回头路，不能停滞不前；你不能故步自封，不能继续做你一直在做的事，即使你竭尽全力去保持。想要生存下去，茁壮成长，唯一的办法就是再创造和重新定义。

需要再创造什么？重新定义什么？所有的一切。

再创造势在必行

前面的章节中，我们谈到了科技狂潮正在改变生活的各个方面。我们还探讨洞悉先机、主动出击、从内到外变革的紧迫性，即使所有这些变革都是从外面引入的。本章将介绍进行由内而外的变革所需要的创造性策略。

变革是变化的加速、放大版。重新定义和再创造是利用脱缰野马般的变革之力的一种方式，能够把变革力应用到产品、服务、行业和职业之中。

在某种意义上说，变革是硬趋势，再创造是软趋势。变革一定会发生，就在我们身边，不论你希望与否。而再创造，将由我们做主，你不去做，别人就会去做。

你可能会这样认为，变革好比人人都抓好了牌，我们不能改变手里的牌，它们就是世界和未来变革的硬趋势。如果这是命中注定，当然就没有任何意义，也没有希望，无法改变或改善未来，因为这些已经都预设好了。但是，这不是全部事实，因为还有一手百搭牌，而你自己就是那副百搭牌。你可以预见你所在的领域、行业、你的事业、你的生活中将会发生的变革，并主动去适应它们。怎么做？通过重新定义和再创造。重新定义和再创造就是抓住机会，在事情发生之前改写自己的历史。

未来几年，新发展将十分具有戏剧性，速度之快、规模之大、竞争对手之多，会比以往任何时候都难以招架。在转型时代里，一切变动都会被放大。随着这种困境越来越明显，唯一的解决之道就是重塑自己，改变我们的事业和所做的一切。

否则，我们将不得不脱下靴子摆在大门口。

你的本质、个性、才华不随时间发生太大的变化。但是你通晓的技能、你学到的知识、你能做的事，却可以大幅度改变。被解雇或开除的人希望找一份类似的工作，但也可以学习新技能，从一个萎缩的行业转向一个不断增长的行业。

我有一个朋友叫拉里，他太太是我的核心员工，他自己则管理一家快餐连锁店。2009 年经济危机，他被解雇了。他没有在这个竞争日益激烈的行业浪费时间等待另一份工作，而是决定重塑自己，寻找一份全新的工作。当时他已经四十多岁了，有一个成年的孩子和一个新生的婴儿。看到拉里的处境，很多人都会认为他开始一个全新的职业生涯已经为时已晚，但是拉里不这么认为。

肥胖的人日益增多，糖尿病患者也在增加，这都是重塑快餐业的软趋势。不过，拉里对此并不感兴趣，他感兴趣的是重塑自己的职业生涯。他把眼光放在了发展的硬趋势上，看到 7800 万婴儿潮一代年纪越来越大，健康需求增加。他看到随着信息技术、知识和交付系统的改进，未来的护士会越来越多地扮演今天医生的角色。他决定回到学校，成为一名护士。

自我改造与把握硬趋势结合起来，无论是在市场上还是生活中，你都能创造巨大的胜利。

1983 年，李·艾柯卡（Lee Iacocca）和哈尔·斯珀利奇（Hal Sperlich）重塑了家庭旅行车市场。当时，婴儿潮一代到了风华正茂的育龄期，小孩接连出生，旅行车的销量却并没有增长。这就怪了：为什么他们有需要却不购买产品呢？因为购买行为通常比逻辑推论更感性，它既是为了满足实际需求的理性行为，也要能够凸显个人身份。婴儿潮一代可能需要一个容纳大家庭的车子，但是，道奇汽车意识到他们不想看起来和他们的父母一样，即使很多人大部分时间跟他们的父母很相似。婴儿潮一代不想承认自己已经成为驾驶旅行车的一代。

面包车呢？当时它们看上去很酷。更重要的是，他们的父母从来没有开过。1983 年 11 月，克莱斯勒推出的迷你车——道奇凯领（Dodge Caravan），创造了一个新的汽车品类厢式旅行车，它在接下来的四分之一个世纪中占据了主导地位。这是远见力的作用，看到了婴儿潮一代的需求这一硬趋势，以及洞察到人们不想跟他们的父母一样。

重塑自我一直是一个强有力的战略。但在过去，企业和产品的再造是一种选择；如今，它势在必行。今天，我们生活在一个独特的情境中，这是我们从未见过或经历过的环境。我们从未有过这样强大的处理能力、带宽以及技术加速，而且它们已经完全改变了我们的关系和稳定的概念。过去，稳定和变化是两种相反的状态。当你取得了稳定，就很难拥有变化。今天的变化，本身已经成为稳定的一个组成部分：你只能通过拥抱变化，接受它作为连续持久的状态，才能达到稳定。

可靠广场如果更名为变革广场，或许美泰克的命运就不会如此曲折了。

"我们永远不会再有另一个美泰克，"牛顿镇的一名警察保罗·贝尔（Paul Bell）说道，他同时还任职于爱荷华州的立法机构，"也许我们不应该在同一家公司工作，我们把所有的鸡蛋放在了一个篮子里。"[2]

但问题并不是他们把所有的鸡蛋放在一个篮子里，问题是他们把鸡蛋放在哪个篮子里。这并不是说美泰克出了什么大错，它并不是安然和百世通，产品没有问题，业务上也没有惨败。原因不过是它跟不上市场变化的脚步。在一个竞争日益激烈、通过外包削减成本、客户日益见多识广、消费者也更挑剔的时代，美泰克公司艰难地应对每一次新的转变。这是一个大公司就此止步的经典案例：期待继续从一个既定的身份获利，无视再改造的迫切需要。

以前是大吃小的世界，现在是快吃慢的世界。现在的快就是以前的大。

"你知道吗？"牛顿镇镇长夏兹·艾伦（Chaz Allen）说，"150年来这个镇上只有一家公司，这在以前是一件伟大的事情，但现在不同了。"

可以肯定的是，不只是在爱荷华州，整个世界都不同了，分分秒秒都在变化。如果你希望领先于变化加速曲线，努力做好和不断做好已经无法满足需求。必须持续地重新定义和再改造，这是你首先要做的。

过去，伟大的公司和伟大的人物，比如艾柯卡，他们在一次创新后可以十年高枕无忧，然后再进行新的创造。这在过去是管用的，现在已经不管用了。世界已经改变，甚至变化本身也发生了改变。信息和新知识以光速在世界各地传播，想法在转念间就能成为技术创新。今天，再创造不能偶尔为之。要在加速变化的世界生存和茁壮成长，你必须重新定义自己，并不断重塑自己。

如果你正经营着一家企业，这意味着你每天都面临着一个迫切的问题：客户的变化速度是否比你更快？他们的学习速度是否比你更快？你的客户正在快速变化、快速学习，如果你无法解决他们在下周或明年将会遇到的问题，你就落后于加速曲线，而你承受不起这种落后。这是放之四海皆准的真理，不管是个人、小企业、跨国公司还是中西部的小镇，世界各地都是如此。

这不是发生在爱荷华州牛顿镇的故事的结尾。美泰克工厂关闭两个月后，亚利桑那州的 TPI 复合材料集团宣布，他们计划在牛顿镇建立新工厂，TPI 复合材料制造风力涡轮机使用的扇叶。原美泰克工厂的部分厂房，现在由另一家新公司——三一结构塔占据。生产的产品也从洗衣机变成了风力涡轮机。欢迎来到新世纪。

像世界各地的其他城市和城镇一样，牛顿镇似乎经历了重塑自我的过程，但它是被动反应而不是预见性地改变。当改变从外面推动时总是困难得多。如果美泰克积极应对不久的未来，而不是安于现状又会怎样呢？

美泰克的著名电视广告展现了一个修理工对着镜头的告白，说他很孤独，因为从来没有人打电话给他。这是一个不错的想法：潜台词暗示着洗衣机质量很好，消费者根本不需要修理工。（毕竟这些洗衣机出自可靠广场。）但是，如果主角不是坐在那里等着电话响起，而是在实验室中把洗衣机重新再创造，情况又如何？

斯蒂芬·伯金肖教授（Stephen Burkinshaw）就做到了这一点。经过三十多年的纺织化学研究，这位英国科学家发明了一种洗衣机，直接跳过了用水量的问题，比宝洁的冷水洗衣粉更有效，这台洗衣机几乎不消耗水。相反，伯金肖教授的干燥洗衣机使用小尼龙颗粒，这些颗粒只要微湿就能产生微量电荷（很像在尼龙地毯上摩擦你的脚），利用这些电荷，能够把污渍从你的脏衣服上抽出，锁进颗粒内部，从而去除污渍。这些尼龙颗粒，可用于大约一百次洗涤循环，约为一般家庭六个月的洗衣量，之后还可以回收再循环。这个过程不仅在用水量上只需要传统洗衣机的十分之一，而且只消耗很少量的能源，因为不需要漂洗。

这台洗衣机名为 Xeros，《快公司》（*Fast Company*）曾于 2009 年 7 月撰文评论，作者克利夫·邝（Cliff Kuang）指出，如果每个美国家庭都有一台 Xeros 洗衣机，就能省下相当于 500 万辆汽车的碳排放量。文章结论更是放下豪言壮语："这台洗衣机是一项改变世界的发明。"[3]

彻底改造一切

最近，我会见了暖气和空调企业的人。当我提到远见力的原则之一——重新定义和再创造时，有一位嘉宾举起了手。

"我能够理解这个原则运用在电子产品或汽车制造业中。但是，空调基本上就是空调。怎么发展相关的业务呢？"

"大家退一步想一想，"我建议说，"首先来看看你们的行业本质。你真正在做的不是采暖制冷，而是环境整治业务。你的任务是提供技术，使人们的环境更加宜居和舒适。

"例如，昨天晚上，在我入住的酒店房间，一启动空调，它就发出卡嗒卡嗒的噪声，吵得我不能打电话，睡不着觉。这种情况你们会怎么解决？"

这名男子耸耸肩："饭店需要找人来修理空调。"

"也许吧，"我回答，"但你们有没有看到更大的机会？"

确实有，当我们仔细思考那个酒店房间的情况，商机就变得更清晰了：降噪功能。

所有的声音都由特定的波形构成。消除噪声应用的科学就是基于这样的事实：当你向给定的声波发出相反的波形时（其反声，可以这么说），两者相互抵消。目前，在这一领域中的所有专利都用于降噪耳机。为什么不在供暖和空调系统上加上噪声消除功能呢？你所要做的是找出系统中制造噪声的部件，通常噪声都是固定音调，很容易识别和消除，建立一个小型扬声器系统，发送相反的波形，用在酒店和办公室的供暖和空调系统中，并最终用于居家环境（可以带来成本的下降）。

这一发明可以申请专利，对积极进取的空调公司而言，肯定有重新塑造所在行业的商机。

重新定义和再创造不仅改变了我们的产品，也改变了我们做事的方式。

由于我的工作安排，许多时间都在酒店度过。通常情况下，客房服务很不错。如果我想早晨六点喝咖啡吃早餐，只需要在前一晚预定，隔天六点钟就会传来敲门声，也可能早五分钟或晚十分钟。至少在希尔顿、凯悦、安纳托尔、万丽这都是通常的做法。唯独万豪酒店与众不同。

万豪酒店已经实施了新的系统，敲门声会在你指定的时间准时响起，不早也不晚。这是怎么做到的？通过使用人工智能（AI）技术。他们采用人工智能，在厨房配备一台装载了被称为专家系统的电脑。这套专家系统知道所有影响时间的确切参数：客房服务电梯从一个楼层去其他楼层需要多长时间，服务员从厨房走到电梯需要多长时间，每道菜需要做多长时间，等等。它有酒店的完整地图，并跟踪每一笔订单，所以如果有多位客人点了早餐，它也能知道按照怎样的顺序送餐会更合理。该系统会告诉厨房工作人员什么时候开始烹饪早餐，以便服务员能够准时敲响你的房门，一分不差。

你可能首先会想，有什么大不了的，差个五分钟，客户会在意吗？但日后会发生这种情况，第一次餐点准时送达，你可能没有注意到，毕竟，偶尔有服务生能够准时送餐的。但是第二次、第三次、第四次，你会开始注意到。嘿，真是越来越神奇了！到了第五次、第六次的时候，你反而习以为常了。以后，当你在其他酒店用餐，服务生来早几分钟或来晚几分钟，你就会感到失望，因为你已经习惯了万豪酒店的服务。他们正是用技术重新定义了客户服务。

还记得第 2 章的"妙音耳机"的概念吗？在这个例子中，我们并没有简单地修改或改进助听器，我们通过转移到完全不同的行业，彻底改造了这个公司。通过远见力的灵光一闪，把助听器这个婴儿潮一代排斥的行业，变成了引领潮流、改善生活方式的电子产品行业，不仅符合婴儿潮一代所需，其他年代的消费者也会喜欢这个产品。

亚马逊重新定义的不仅仅是书店，还有购物体验本身。西南航空重新定义了空中旅行，改变了我们的观念，从昂贵、不便、不愉快，到价廉、方便、愉快。苹果重新定义了个人电脑，并继续重新定义它所触及的一切，从电话到如何听音乐到如何消费娱乐。

再创造不能等同于调整、转变、添加功能。一旦被彻底改造，事物将永远回不到原状，因为再创造掌握了变革的动力。博客重新定义了新闻行业。Twitter 改造了博客和人们的沟通方式。《幸存者》《学徒》和其他真人秀节目的创作者马克·伯内特（Mark Burnett）彻底改造了电视娱乐节目。

就如爱荷华州牛顿镇的启示，不仅是企业和行业需要重塑自己，就连城镇和城市也一样。

拉斯维加斯也知道这一点。每隔几年，它就以全新的形象重新打造自己。从赌博和夜生活的圣地，到面向家庭度假的观光景点，再到成年人寻欢作乐的去处。现在他们又走向了高端路线，搭建新的医疗中心、交响乐大厅和演艺中心。他们正在努力建设全美最负盛名的家具批发展厅，想要拿下家具批发之都的称号。拉斯维加斯似乎有用不完的创意来重塑自己。

以纽约市作为另一个例子。20 世纪 70 年代的经典电影《出租车司机》（*Taxi Driver*）、《小小谋杀案》（*Little Murders*）、《热天午后》（*Dog Day Afternoon*）等，营造了纽约黑暗而粗犷的气氛，简直是哥谭市街头生活的最真实反应。90 年代，市长朱利安尼（Rudy Giuliani）大力整顿市容，让"大苹果"纽约市焕然一新。

反观新奥尔良，不只是遭遇了飓风灾难，灾后重建也是一波未平一波又起，一塌糊涂。如果美国的治国思维和领导主张持续再创造，就该懂得如何花费经费恢复该区域，建立第一个绿色城市：采用太阳能电池板、节能设备、智能电网、智能街道等，把它建造成一座 21 世纪的样板城市。海地受到大地震重创后，我们应该原样重建，还是再创造？好让它在未来几年能够蓬勃发展，而不是在未来的夹缝中求生存。

同样，美国汽车业在 2009 年崩溃，通用汽车和克莱斯勒面临破产，政府决定出资援助，让它们可以重操旧业。但为什么我们不能视危机为转机，彻底改造美国汽车产业呢？

不幸的是，一意孤行、保护自我利益是人的本性。如何摆脱捍卫自我利益的冲动，以持续不断的自我改造理念，经营我们的企业和生活？

忽略竞争

要摆脱捍卫自我利益的冲动，不妨抛弃一些我们最珍视的关于竞争市场的原则，即使我们奉之为圭臬。事实上，我们需要重新定义和重新塑造竞争的概念。

涉及竞争激烈的环境，有两件事可以肯定：（1）现在比一年前竞争更加激烈；（2）明天竞争比现在更激烈。如何在竞争日益激烈的世界中生存？答案是：不去竞争。

旧的原则是其他人在做什么你就做什么，有样学样，只要你能做到更便宜或更好。价格和质量是竞争的两大要素。但是在变化速度垂直上升的世界，这个概念已经过时。随着变化速度加快，压力增大，人们自然而然把重点放在竞争上。但这样做是一个灾难。陷入徒劳且永无止境的追赶游戏中，只能分散注意力，使我们忘记寻找未来的确定性。

竞争是稀缺思维，新世纪的企业组织根本不屑于竞争。相反，它们跨越了竞争，重新定义经营业务的每一个环节。

马林钢丝产品是一家位于巴尔的摩的制造公司，面临着来自中国低廉劳动力成本的竞争。直到总裁德鲁·格林布拉特（Drew Greenblatt）决定停止正面厮杀，把低端市场让给中国。格林布拉特开始推动自动化生产线，并专注于更高端的产品，如餐厅厨房的抗菌篮，在日本和比利时等地发展客户源，打造高价位产品线。马林的销售额从 1998 年的 80 万美元，增长到 2007 年的 300 万美元。"几年前，我们每年还亏损 10 万美元，"格林布拉特说，"现在钢篮产品却出口到新西兰。"[4]

另一家小公司，生产画家专用的帽子，也受到来自中国的低价位产品的竞争，苦苦挣扎。了解到价格敌不过中国产品后，他们开始专注于生产特殊帽子，用丝网印制公司标志或客户喜欢的格言，以及其他高度个性化的产品，这种小批量、周转快的服务，中国商家看了也只能叹气。中国的优势是大规模、低成本的劳动力生产。这家公司不跟中国竞争，而是利用自己的小规模、接近终端客户的地利之便，争取了利基市场。

刚才我提到，亚马逊重新定义了书店和购物体验。网上书店如亚马逊和巴诺书店，集价格亲民、便利性和可用性于一身，实体书店多数竞争不过。90年代后期，有人预测巴诺书店会消失，但事实并非如此。

为什么？ 记住从第 3 章中学到的兼容并包原则。巴诺是新老技术并存的一个很好的例子。更重要的是，巴诺书店实体店幸存下来，是因为它们提供了网上购物无法提供的体验。

巴诺认为，书店不仅是买书的地方。就在亚马逊和网络出现之前，巴诺彻底改造了买书体验，因为巴诺灵光一现，看到了明显的趋势：大多数去书店的人都喜爱图书、热爱阅读。为什么不为他们提供一个读书的场所呢？ 巴诺创造了一种独特而完整的买书体验，专注于阅读的乐趣、终身学习、发现新知，提供一个可以放松、阅读和学习的地方，这是一种独一无二的体验。

亚马逊用技术来重新定义我们的购书行为。但巴诺找到并专注于自己的独特性，做到了竞争对手做不到的事。

需要注意的是，巴诺的竞争基于客户体验而不是价格。在沃尔玛购物不是很愉快，但它们的价格就是比别人低，因为它们是在价格上竞争。本杰里（Ben & Jerry's）冰激凌味道也不错，但它们不只是味道，也非价格，其竞争点是价值。本杰里公司在业务初期就一直大力倡导并资助解决社会问题。网络鞋店 Zappos 比的是客户服务。苹果竞争的是设计、客户体验和创新。下面将列出部分你能竞争的方面：

- 价格
- 信誉
- 图景
- 服务
- 质量
- 设计
- 时间 / 速度
- 价值
- 客户体验
- 创新
- 知识
- 忠诚度

还有更多的方面。你可以选择这个列表中的任一方面来竞争，但为什么不使用再创造和重新定义来竞争呢？检视每一个方面，自问："我怎样才能重新定义竞争？"然后填补目前的空缺。你不去做的，别人就会做。

持续的去商品化

技术推进有一个不可避免的副产物，那就是商品化。有人提出了一个创新突破，并且通过这个创新突破，在各自领域独一无二。但是，由于技术进步的速度惊人，很快所有人都能提供这些新特性了。

当史蒂芬·斯皮尔伯格（Steven Spielberg）拍摄的《侏罗纪公园》于 1993 年上映时，那些恐龙栩栩如生，非常逼真。一年后，同样的招数用于电视广告，几年之后，家用电脑也能做出相同的效果了。2007 年 6 月苹果公司发布 iPhone 手机的时候，最引人注目的新功能之一就是重力感应。当用户打开手机，从水平翻转到垂直，然后再返回水平，屏幕图像随手机横竖变动。当时简直不可思议。但是，不到一年时间，所有智能手机纷纷跟进。

这两种情况，发生了什么？原本独一无二，甚至是惊人的产品功能很快成为标准配置。换句话说，亮点消失了。这就是为什么再创造是当务之急而不能偶然为之，必须不断改造。这就是为什么好莱坞电影和苹果 iPhone 手机要生存下去，就必须持续挑战极限。你我也该如此。

如果单从价格竞争看，每一种产品或服务都有可能成为一个平淡无奇、人人都具备的普通事物。更重要的是，任何产品或服务也可以反其道而行，做到独一无二，因此更具价值。20 世纪 90 年代，持续改善（Kaizen）理念风靡一时。如今不可同日而语，转型的步伐太快，我们需要的是持续的去商品化。

去商品化意味着不要落入自然而然的退化过程，否则产品和服务只会流于一般化。表面上似乎安全无虞，也迎合了市场上最广泛的趋势（最小公分母）。事实是，商品化并不安全。

东芝就学到了这个惨痛的教训。90 年代中期，东芝是笔记本电脑中最畅销的品牌。当时，笔记本电脑呈上升趋势，并将在接下来的十年推翻台式电脑，成为最流行的个人电脑类别。2008 年，笔记本电脑销量第一次超越台式机。未来的发展完全可以预测：去物质化（路径 1）、移动化（路径 3）和三大数字化油门让这种发展异常清晰。但并不是所有个人电脑行业中的人都看向未来。如果东芝公司一直保持其在笔记本电脑市场中的领先地位，其收入和盈利能力就可大幅增加。但事实并非如此。

发生了什么事？

1996 年，我正好为东芝提供咨询服务。我指出："到 21 世纪初，笔记本电脑将是新台式电脑，就像智能手机以后将是新的笔记本电脑，成为人们上网的主要工具。"我建议他们在笔记本电脑中加入内置调制解调器。事实上，我的想法是：当笔记本电脑一开机，开机画面显示欢迎来到东芝移动客户接待处，然后提供各种在线服务，帮助移动工作者最大化利用笔记本电脑的新功能。

东芝内部有些人很喜欢这个主意，还有一些人则不喜欢。正如经常在大公司发生的，总是有两股力量：一股着眼于未来，一股执着于过去。也正如经常发生的，执着于过去的总是胜出。移动用户服务的想法从来没有在东芝实现，东芝也没有投资于未来的笔记本电脑体验，而是把资源投入到全新系列的台式电脑上。毕竟，其他电脑厂商都在这样做。他们认为，既然其他人这样做，自己也应该这样。

此举大错特错。东芝以产品精巧著称，创造新的台式电脑不仅是投资夕阳产品的举措，也无法发挥自己的独特优势。他们的电脑沦为跟其他品牌一样，毫无特点。东芝是在自毁品牌：它从领先者变成盲从者之一，在一个式微的产品领域中，推出了越来越多模仿别人的产品。

东芝原本有机会洞察未来，解决客户的问题。如果东芝预测到了移动工作者不断增加的趋势，可能早就先于苹果推出了类似 iTunes 的产品，也早就重新定义了整个细分市场，使自己成为领导者。但东芝没有去商品化，反而把自身变成一种商品，并在这个过程中失去了市场领先地位。迄今为止，东芝都没有再回到领导地位。

这个问题不仅是针对电子产品。任何东西都可以去商品化，即使是我们认为理所当然以商品形态存在的东西。20 世纪 90 年代，星巴克将咖啡去商品化，维多利亚的秘密将内衣去商品化，赫曼米勒将椅子去商品化。如今，纽约饮料品牌酷乐仕和许多其他企业都将水去商品化，并赚取丰厚的利润。Gdigital 将电力去商品化，1-800-GOT-JUNK 已经将垃圾清除软件去商品化了。

几年前，我到新加坡参加安永企业家年度颁奖典礼，并进行演讲。有一位获奖者是一名年轻女性，以进口法国葡萄酒到中国为业。

这是去商品化的一个迷人案例。创业初期，中国人既不会酿造法国葡萄酒，也不会喝葡萄酒。中国传统的葡萄酒相当甜，完全不同于欧洲葡萄酒，部分是因为土壤和生长条件的差异。当这个企业家刚开始引进法国葡萄酒时，中国客户饮用时都要加入糖，使之可口。她不得不训练客户的味觉，例如通过品酒会等活动。他们不知道什么是"好"的西方葡萄酒。换句话说，她不得不彻底重新定义整个产品品类，才能在市场上竞争。现在，她在中国有庞大的业务。而中国人永远不会限制她进口葡萄酒。为什么？因为西方的葡萄酒与中国的葡萄酒不产生竞争，而且它是一个完全去商品化的产物。

在周围持续出现爆炸性变革的情况下，要保持领先地位，需要清晰可靠的策略，即你和你的公司要形成不断去商品化的习惯。一切都可以成为商品，任何产品或服务都可以去商品化。你可以产品搭配服务再去商品化，也可以围绕现有产品再搭配新产品。没有搭配不了的组合，只有想不到的搭配方式。

我最喜欢的去商品化故事是威斯康星州一位名为特里格维·马格努松（Tryggvi Magnusson）的地板企业家。

马格努松曾协助研发强化贴皮地板，也曾参考地板产业的巨头阿姆斯特朗、富美家、肖和马斯等。20 世纪 90 年代，他开始研发漂亮的耐磨地板。

他认为，地板抛光的问题是人总在地板上行走磨擦。如果没有人走在地板上，地板会保持更长时间光亮。当然，不能走的地板，还是地板吗？马格努松灵光一闪，通过反其道而行和跳过问题这两个诀窍：何苦发明耐磨度更高的地板，何不跳过整个问题，创造出没人走在上面的地板呢？

他研发了一种新的涂层系统，该系统富含陶瓷颗粒。陶瓷比不锈钢或工业级的钻石还要坚硬，硬度仅次于天然钻石。有了他的陶瓷基涂料，人走在陶瓷颗粒上，而不是直接走在地板涂料上。马格努松申请了 WearMax 技术专利，并于 1997 年成立了委托人涂料公司，把这种涂料推向市场，第一年的零售额就达到 2500 万美元。

马格努松没有因此故步自封，而是不断创新。几年后，他发现木地板制造商客户正在寻找一些新的地板样式，而且对于需要 60~90 天来等待海外订单也越来越不耐烦。为了解决第二个问题，他成立了森林来客（From the Forest）公司，一家以美国本土木材为主的公司，且只采购施业林的原材料，以保护自然资源。为了解决第一个问题，即新样式的问题，他做了一件非同寻常的事，将木材去商品化。

他用枫木来尝试，加热木头中的糖，发现不用加任何涂料，只是发掘木材本身带有的不同天然色调，就能让木材呈现新的颜色。最终，他发明了一个新的定制色彩的处理过程，用各种异国情调的木材，调整加热时间，呈现不同的颜色。

马格努松创造了两个成功的公司，因为他将地板去商品化了。

旧瓶装新酒也是再创造

1993 年夏天，我被邀请到西雅图重症医学会的年会作演讲。听众是几千名重症监护护士。我说话的时候，主办人花了几分钟的时间简短说明了护士的日常工作和面临的挑战。通过这段简短说明，我惊讶地发现护士们在十三个小时轮班期间，还要平均花费四个小时与病人家属沟通，这相当于他们近三分之一的工作时间。

四个小时显得非同寻常，直到我意识到，他们不只是护士，他们是重症监护护士。如果你的父母、兄弟、姐妹或孩子在重症监护室，而你又无法 24 小时陪在身旁，你会怎么做？你会一有空就打电话，确认你所爱之人有没有好转。那么，你要打给谁呢？医生吗？不，医生并不总是在病人身边。你要呼叫的人，是正在病房里，或病房听力范围之内的人。也就是说，你要打电话给护士。实际上所有人都会这么做，而护士也忙着接电话，实际护理工作效率也就因为接电话而打折。

这些护士们就像你我以及其他人一样工作忙碌。医院的计算机系统、电话系统和监控系统经常升级更新，他们要操作这些不同的技术系统，又要管理处方和药物、填写记录表格、处理文书工作、申请病人体检并追踪体检结果，还要协助大大小小的手术。在这之外，他们仍然能够花一些时间与病人沟通，工作负荷令人难以置信。他们工资很低、人员不足、压力很大，并且不得不花近三分之一的工作时间让担心病人的家属了解病人的病情变化。

演讲时，我向这群护士承诺："我要给你们每人每天三个多小时完全自由的时间。"我说："这些时间可以用来做任何你们想做的事。可以投入更多的时间照顾病人，补上文书工作，抓住停机的几分钟好好休息一下……这些让工作更有效或是有助于改善你们生活的零碎活动，往后你们每天将会有额外的三小时空闲来做。最重要的是，我们可以分文不花就做到这一点。"

你大概可以想象，这些疲惫而怀疑的护士头脑中肯定冒出了三个字：不可能！好在他们继续听我讲了计划的轮廓，并决定试一试。但是，在此之前，我们先看看，时光倒流十年，那时发生的类似事件。

1985 年春，我在国际餐饮服务管理人员会议上发言时提出，由于处理能力、带宽和存储容量的几何级数增长，技术变革的步伐正在迅速加快，不久将超出任何人的想象。在谈到科技增长如何影响我们感知价值时，我说："在未来的岁月里，时间会变得越来越有价值。事实上，时间将成为 90 年代以及未来的货币。如果你能找到创造性的方式来节省时间，你就能成功，但如果你浪费别人的时间，你将无法生存。"

"餐馆会发生什么情况？越好的餐馆，客人越多，也就越忙，排队的人也越多。换句话说，餐厅越好，越可能激怒客户，流失客户，除非你能找到一个方法，让他们不用空等。"

"我有一个想法，与其让顾客站在一旁拥挤等待，为什么不让他们到附近的商店逛逛？我知道你在想什么，他们如何知道何时有位置空出来？所以相应的，为什么不给他们寻呼机？"

1985 年的时候，寻呼机是一种相当新的技术。腰间有寻呼机意味着你是很重要的人物。在那些日子里，使用寻呼机的人有医生、身居高位的商人和大毒枭。

当时的听众中有约 300 名一流餐厅的老板，其中有些人的远见力被激发了出来。

大约一年后，第一家餐馆开始给他们的顾客提供寻呼机，后来蔚然成风。现在，生产这些可爱的会发出嗡嗡声、带有小闪灯的塑料餐馆呼叫器的相关企业已经形成了一个产业。餐厅发给等待的顾客呼叫器。事实上，由于手机现在已经取代了寻呼机的所有功能，所以目前唯一能看到寻呼机的场合，可能就是去餐馆吃晚饭的时候了。

时间转到 1993 年，我在重症医学会年会演讲的时候，寻呼机热潮已经退去。虽然在 1985 年，这仍是一项罕见的新技术，到 1993 年，它已经无处不在。妈妈们让青少年戴上寻呼机，晚上通过寻呼机叫他们吃饭。其实，这个时候寻呼机不仅到处可见，它已经开始走下坡路，因为手机已经处于优势地位。几年之内，每个人都将携带手机，寻呼机又变成利基产品。

这为我们的重症监护护士提供了一个绝好的机会，我敢打赌，大家已经知道我要说的是什么策略了。听主办人解释了护士的情况、日程安排和压力，反其道而行的念头就在我脑海里一闪而过。

谁来使用寻呼机？医生。医生的反面是谁？患者。

我提出的策略很简单，呼呼公司将所有的旧寻呼机捐到医院，分配给病人的家属，而不是护士或医生，并告诉他们："病人的状况有任何变化，我们会立刻通知你。"

医院照做了。捐出寻呼机的公司适度地消化了库存，也有益于企业形象。医院与当地电信公司取得联系，得到了他们为寻呼机免费捐赠的通话时间。这也有利于电信公司节税，提升形象。我再次跟主办人聊天时，她告诉我，有数十家医院尝试了用寻呼机来通知家属，这些医院的重症监护护士们现在每天平均只要花费 45 分钟接电话。

从 4 小时到 45 分钟，医院花费的成本为零。怎么可能？只要你看到可能性，就很容易。

此后，全美的一百多家医院都制订了类似的计划。

重点不在工具，而在于如何使用工具

远见力并不总是挑战技术的极限，非得事事出新意。有时，它是关于发挥想象力，以新的方式使用已有的技术。

通过卫星进行全球定位原本是为军队开发的。很少有人会想到，我们可以使用手机 GPS 找到最近的星巴克。在 20 世纪 60 年代，互联网的先行者阿帕网（ARPANET）被设计出来，主要用于军事应用和高阶学术研究。现在，我们在网上查找电影上映时间和最优惠的汽车价格，而小学生用它来做功课。

几乎每种已经存在的工具都能提供很多功能，但我们大多数人只使用了其中的少数，而且在许多情况下，是极少数。我经常在演讲中使用下面的例子。

想象一下，你的老板随手递给你一份 120 页的文件，要你在几小时后的会议上讨论，而你并没有时间去阅读它，怎么办？

我接着问："这里有多少人使用微软的 Word ？"几乎所有人都举起手来，随后问："有多少人曾经使用过它的自动编写摘要功能（AutoSummarize）？"几乎没有人举手，即使是几千人的场合，也寥寥无几。

讽刺的是，自动编写摘要是一项非常容易使用的软件功能，而且每台电脑都有。只需要几秒钟，双击鼠标，就可以制作简短的总结，这样开会时不会无言以对。自动编写摘要功能在 Word 中已有十多年的历史。我们并不需要一种新的技术，因为我们只需要重新找回已经具备的工具。（微软 Word 有 4000 种功能，你使用过多少种？）

这个原则可以大量用于医疗保健领域，不仅在实际的治疗方法和技术方面，而且在医疗的交付和管理上也有很大用处。

重症监护护士和寻呼机的故事就是一例，但最需要寻呼机的地方，非医生办公室莫属。我的一位医生朋友曾经向我展示了一个正在建设的巨大新建筑。我注意到这个新建筑是一个很大的候诊室。

"等一下，"我说，"你扩大了候诊室？而不是扩大就诊室吗？"

真正的问题是什么？扩大候诊室是企图解决错误的问题。他们需要解决的问题不是"我们怎么安置等待的病人"，而是"为什么我们有这么多人在等待"。这不是一个空间问题，而是一个时间问题，更具体地说，是调度问题。

其实更加准确地说，它是一个智能化的问题，不是医生或护士的智能化，而是办公室本身的智能化。与其在候诊室花大价钱安装昂贵的鱼缸，不如彻底改造候诊流程，缩小候诊室，甚至完全关闭它。

通常情况下，医生并不知道候诊室里病人的身份与病情，通过病历才知道。为什么不知道呢？我们有技术做到这一点才对。其实，为什么办公 AI 系统不能预先知道病人的症状，甚至在病人来办公室之前就知道他的病情？为什么不能配备功能菜单？这样，当病人打电话预约、描述自己病症的时候，就能知道大概需要等多久了。然后把年纪的因素考虑进去，90 岁的人比 40 岁的人需要更长时间等待。如此一来，医生在办公室就知道病人是谁、症状如何、看诊需要的时间，而且是在病人脱下外套、坐在看诊室时就知道。

如果万豪的早餐系统做得到，为什么医院不这样做呢？

在医院安装智能系统前，我们有必要坐在候诊室苦等吗？医生们使用寻呼机已有多年。为什么不把寻呼机给病人，把病人从候诊室中解放出来，去购物、办事或者至少在阳光下漫步？

在这个高科技的世界里，我们并不总是需要找到高科技的解决方案。把石油钻井平台设在海底，把智能生物传感器装在耕地里，都是尖端的高科技解决方案；把企业不要的寻呼机给病人家属，是低技术含量、使用旧技术的解决方案。不管是用高科技还是低科技，新技术、老技术或无技术来解决问题，重点不是技术本身，而是我们如何使用它。这是流程再创造和重新定义所要解决的问题。

在第 4 章中我提到，"如果没坏，就不要修理"的旧规则已经变成了"如果奏效，就已经过时"的新规则。这是个好消息，至少对于那些拥抱新规则并能从中受益的人来说。认识到最新、最酷、功能最多的小发明，或是你刚刚购买的软件系统或办公室产品，在你还没有接触到的时候，就已经过时，你或许会等到新产品上市再买。但如果是这样，你可能就出局了，你等不起。所以，要怎么做？意识到落伍是一个不成问题的问题。这样，当所有人都担心过时，你就不用花费宝贵的时间去担心了。

你正在使用的工具过时了吗？当然，每个人的工具都已经过时。毕竟，下一个产品正在研发酝酿。真正的问题是，你用手边的工具在做什么？你是否使用它们产生效益？请记住：工具不是问题，关键是如何使用它们。

让我们用远见力，使用既有的工具来解决一个大问题。

这个问题是：非处方药如维生素和草药的说明标签越来越多，打印的字也越来越小，越来越难阅读，忽视了婴儿潮一代逐渐老去的事实。但是药瓶这么小，怎么塞得下所有的信息？

首先，基于人口、技术加速和信息增长的硬趋势，我们可以得到一些已知数。

随着步入老龄化社会，是否有越来越多的人使用越来越多的药物呢？是的。随着研究推进，信息越来越多，每个瓶子上是否会有更多的药品说明呢？是的。药品说明越来越小，对于婴儿潮一代的顾客是否越来越难阅读呢？是的。这些都是确定的，所以我们知道这个问题在未来是一个事实，除非在它发生之前解决它。

首先，让我们反其道而行，不求印刷精美，而是放大文字。怎么做呢？我们可以不把文字印在瓶子上，而是在屏幕上显示出来。也就是跳过问题。

但是，消费者如何找到现成的屏幕？答案就是他们的手机。现在人手一部手机，随身携带。我们如何将药瓶上的信息，都转到手机屏幕上？通过使用现有的技术，采用先进的条形码或射频识别（RFID）技术。

用手机扫描瓶子上的条形码，所有信息就能显示在手机上了。可以放大文本，也可以让它读给你听。也可以把 RFID 芯片安装在瓶子里。RFID 芯片已经无处不在，从收费亭电子收费系统，到标记动物和零售产品的通行证等。如果可口可乐和百事可乐可以在他们的瓶子上装 RFID，药物成分、禁忌症等为什么不能如法炮制呢？甚至可以做得更好，眼光放长远一点，在这些信息中加入流式音频和视频。

随着药物使用 RFID 标签，你只需要在智能手机中输入或对着手机说出药品名称，手机就会读取与你有关或你想要的信息，或是显示药品所有的说明。由于手机连通了药店的消费者数据库，你的身份和用药都有记录，于是数据库会将潜在的药物不兼容性和禁忌也发到你的手机。

谁将第一个实施这一战略呢？沃尔格、CVS 还是沃尔玛？或是别的企业？因为可以实现的，就一定有人会做，如果他们不这样做，一定有别人会去做。

找到你的核心优势

1889 年，京都的企业家山内房治郎（Fusajiro Yamauchi）创立了一家公司，出售精湛的手工制作的日本传统纸牌"花札"，每张卡片都由桑树皮制成。这是一个大胆的赌博：日本禁止玩纸牌的历史已有百年，到 1889 年，虽然花札已不再是非法的，但是离成为一种流行的消遣方式还差得远。

然而，纸牌生意逐渐兴旺。当时的日本处在从封建社会向现代民族国家匆忙改造的过程中，空气中弥漫着创新氛围。花札开始普及并再次繁荣。山内在大阪开了第二家店，公司蒸蒸日上。1929 年，他风光退休，业务传给后代来运营。如果故事就此结束，今天就看不到这家企业的踪影，或者至少在日本以外籍籍无名。

实际的故事是，山内的小公司进行了彻底的重塑。他的孙子山内溥（Hiroshi Yamauchi）在 20 世纪 50 年代访问美国，成功拿到授权，让他能够把迪士尼人物放在纸牌上。60 年代，他开始进一步尝试，创建了出租车公司、连锁酒店、生产方便米饭的公司和电视台，但都无疾而终。他不停地尝试，最后转到玩具市场，并在 70 年代开始涉足电子家庭娱乐。1977 年，他聘请了一位名叫宫本茂（Shigeru Miyamoto）的年轻学生，帮他开发一些新产品。如果你不熟悉这个名字，可以问问你的孩子。宫本日后研发了许多畅销游戏，包括超级马里奥兄弟、大金刚和塞尔达传说。如今，山内溥是当今日本最富有的人，他的公司拥有超过 850 亿美元的市值，这家公司叫作任天堂。

从 19 世纪的手工纸牌，到 21 世纪的 Wii，可能看起来跳得太快，从产品的外观看确实挨不上边。但是，任天堂的成功之处就在于山内溥和宫本茂发现了一种完全重塑公司的方式，同时仍然准确无误地坚守自己的核心优势，即基于经典角色的游戏。

什么是你的核心优势？这是我问空调产业人员的问题。其核心不是暖气和空调，而是帮助人们掌控环境。

Zappos 做的是鞋子生意吗？再想想。Zappos 公司卖的只是鞋子，但他们的销售方式已经完全去商品化了。

"希望十年内，"Zappos 总裁谢家华（Tony Hsieh）说，"人们会忘记我们以网上卖鞋为开端，当你说起 Zappos 的时候，他们会想，哦，那家客户服务超棒的公司。并且不必限定于在线体验，已经有客户给我们发电子邮件，询问我们是否会成立航空公司或掌管国税局。"[5]

这才是他们的核心优势：不是鞋子，而是为客户服务的方法。

再举一个有趣的例子来解释找到核心优势的重要性。2007 年初，我给广播电台行业的人士演讲，听众都是业界翘楚，特别以 AM 电台为主。他们对未来的业务发展都很担忧。许多人几十年前就开始了广播事业，有的还购买了属于自己的电台。现在，他们担心数字广播等媒体将挤压广播电台。他们怀念美好的旧时光。

当我问他们能否列出对他们来说最不安的发展时，他们答不出所以然，而是列出了他们害怕和担心的一长串事物，有卫星广播，也有播客和博客等新媒体。像 AM 电台这样的古董媒体，怎样才能和新媒体竞争？

最后，他们归结为一句：广播电台是行将就木的旧媒体。

但是电台还活得好好的。他们心中的广播，是那个盒子，是收音设备。但是，这并不是广播的功能。他们不提供设备，而是提供声音内容。这才是他们的核心优势。

"当你想到广播的黄金时代，"我问听众，"浮现在脑海的是什么样的精彩时刻？"

因为听众是一群年龄较大的企业老板，于是我列出了罗斯福的"炉边谈话"、爱德华·默罗（Edward R. Murrow）的"二战"报道广播、棒球广播节目《谁在一垒？》（*Who's on first*），以及侦探广播剧《影子侦探》（ *Only the Shadow Knows* ）。

　　"这都是广播的伟大经典瞬间，但是它们之所以经典，和设备或特定的广播技术无关，声音内容才是令人难忘的。好消息是未来还有许多这样的伟大时刻。广播不是旧媒体，它是一个需要重塑的永恒媒体。"

　　"举个例子，如果你的企业生产经典音频内容，为什么不把它放在手机上给人们听呢？有没有可能和各大手机运营商协作，使人们能够用手机收听当地节目呢？手机企业掌握了众多的客户资料，你可以定制音频内容，提供给特定的群体，甚至通过菜单选择，将节目内容定制化。不是广播，而是窄播。"

　　"我们可以谈谈卫星广播。卫星广播可能看起来是个威胁，但它的市场占有率不到 2%，仍然没有从车用走向家用。说实话，卫星广播原本就是一个过渡概念。随着宽带无线无处不在，消费者将在手机和汽车上收听和收看在线流媒体的数字音频和视频。

　　"不要把 SiriusXM 等卫星广播公司作为你的敌人，"我建议道，"把他们当作你的朋友，正是由于他们已经制作了数不清的定制化节目，广播才重新成为人们的关注对象。他们给广播打了一个价值巨大的广告。现在的问题是，广播的概念是指什么？

　　"过去的商业模式是基于互相竞争，未来可能行不通了，因为通过合作才能成功。在什么方面合作？为寻找途径彻底改造并重新定义 21 世纪的广播而合作。"

　　然后，我们谈到了高音质广播。当时，高音质广播已经作为新车的一项功能而配备。高音质广播最具去商品化的特点是，它能接收数据以及声音信号，它可以显示频道代号和正在播放的歌曲名称。不过，只有 1% 的受访消费者表明有兴趣购买高音质广播，显然它还未流行起来。

　　"这些数据显示功能很不错，"我说，"但让我们来看看不久的未来。能不能不必将眼睛移开路面，就能知道收音机屏幕上的文字？为什么不用语音阅读功能来大声读出滚动的文本？"

"比方说，下雪后，所有的扫雪机都将实时路况信息回报州里的路政部门，然后路政部门将这些信息通过当地电台传送到车载高音质收音机中。并且由于这些车都有 GPS，电台知道每辆车的确切位置。当你询问收音机目前的路况，高音质收音机会告诉你，往前四条街的十字路口还没有畅通，但如果你在两个街区后左转，路况良好。因为广播电台都有网络站点，它将成为多媒体站，而不仅仅是广播。不要只想着卫星或高音质收音机带来的威胁，想想音频内容的变革。"

我告诉大家："据我所见，好日子不在过去，而是在未来。现在由我们来创造令人怀念的美好时光。但你必须彻底改造、重新定义你正在做的事。"

报纸和书籍这两个行业正在经历同样的难题：他们都挣扎在数字革命面前，苦苦求生。如果故步自封，就会走向绝路。如果他们以新技术彻底改造自己，则能够生存下去并得到发展。

有数百家报社已经推出了网络版报纸，但大多数报社已停业或业务继续下降。为什么？因为他们的技术虽然创新了，但只是用新技术做旧的东西。大多数的在线报纸版面是重叠的，而不是互补的。他们没有提供革命性的内容，只是以数字形式提供相同的新闻。只有少数报社看到未来，并尝试探索各种新的功能来达到内容互补，包括互动栏目、博客更新、微博、窄播菜单选项等。

电子书阅读器已经问世多年，但亚马逊的 Kindle 和苹果的 iPad 这样的创新推出之前，数字图书并没有真正开始流行。为什么？因为没有人挺身而出重塑书籍。多年来，电子书只不过是已出书籍的 PDF 版本。这并不是真正的电子书，它只是一个数字化的纸质书。真正的电子书将包括作者访谈、音频和视频解说，并可以动态超链接到相关背景信息，以及其他各种在纸质书籍中不可能实现的功能。这种电子书不仅仅是一个 PDF 版本。一旦书籍被真正改造，它就能摆脱线性思考，提供创意内容，功能从单纯的显示，到更具有互动性和参与性。顺便说一句，这是否意味着老式的纸质书未来会被淘汰？完全不会。并且你已经知道了原因：兼容并包原则。

最具讽刺意味的是，若能甩掉只看后视镜的习惯看向未来，若能主动积极地重塑和重新定义自己的领域，无论是广播、报纸、书籍还是其他任何行业，企业不仅会以市场领先的新技术拿下领导地位，还能以旧技术称雄。广播电台、平面媒体和印刷书籍不会消失，兼容并包的原则告诉我们，新技术和旧技术将持续共存。那些重新定义了整个市场的品类、整合了各种媒体表达形式的人，最后将取得领先地位，获得丰厚利润。

与众不同

莉莲·蒙塔尔托（Lillian Montalto）是我的一个朋友，她在马萨诸塞州的一家房地产企业工作。她的丈夫鲍勃·波伦（Bob Bohlen）在密歇根州开了家中介公司。他们都是明星代理，销售成绩惊人。结合两人的最佳个人年销售额，这对夫妻能达到 5 亿美元的年度总销售额。

这一成绩毫不奇怪，我好奇他们是如何做到这一点的。他们卖的不是高端的商务花园、公寓或其他商用物业，他们出售的是住宅地产。如何做到一年 5 亿美元的销售额？即使这些都是非常高端的房子，比方说一户 200 万美元，也意味着在一年中要卖出 250 单，一天半就要成交一单！所以有一天我问莉莲她是怎么做到的。

"对客户而言，找房子、卖房子是痛苦的过程，"她告诉我，"从老房子搬到新房子也是。所以，我开始思考可以让整个过程更为轻松的方式。"

例如，莉莲是全美第一个为每位客户设立独立网页的房地产经纪人，在这些个人网页上，她放上了每个房间的照片、每个窗户外面的景色和周围院子的景观。她针对每个家庭的成员，拍摄短片配上旁白介绍当地景点。她细心地用客户喜欢的方式和每个客户保持沟通，不论是面对面、电话、电子邮件还是短信，完全依照客户喜好。

"我有一次在英格兰度假，"她说，"我真的很喜欢搭乘传统的英国黑色出租车，因为乘客在后排座位上能面对面讲话。我心想，如果带客户看房也能这样，一定很棒。

于是，她购买了一辆英国出租车，把它运到美国。现在，她带着各地的客户看房，都让司机开着这辆车把他们接去物业地点，而她坐在后座，与客户面对面，回答他们的问题。由于英式出租车的与众不同，客户也会回去告诉他们的朋友，达到口耳相传的效果。

成交后的搬家阶段，她免费负责提供搬家服务。如果客户有孩子，她会基于客户的需求，帮助他们评估学校系统，协助孩子登记上学。如果需要清洁服务、医生或者牙医，她也会找到当地最好的商户并提出建议。此外，他们网站能够用十多种不同的语言显示。

这些只不过是其中一些创新的例子，莉莲和鲍勃用这些创新的方式给客户带来非凡的体验。如果你的房地产经纪人也能做到这些，你会不会告诉你的朋友呢？我肯定会。

大多数代理商会说，他们没有能力做到所有这些事情。但身为明星代理的莉莲意识到，不做的代价更高。她决定不去做一名普通的房地产经纪人，而是要出类拔萃。她完全将房地产业务去商品化，发挥了自己的核心优势，即帮助人们顺利地向新生活过渡。

找到核心优势的原则不仅适用于你的业务、公司或行业，它也适用于个人生活。在这个星球上只有一个你，我们每个人都是独一无二的。在知道了"不竞争"的原则后，我们就有机会发挥最大的潜力。

要做到这点，需要自我发现。我相信，每个人都有多种才能，但天分只有一种，通常隐藏在不同的才能里面。许多人在职业生涯中使用了一种或几种，甚至多种才能，但最终会止步不前。如果你能创造事业，然后用自己的才华来支持天分，那必定能精益求精，成就无可限量。

电池和三明治

在本章结束前，让我们最后再来看看两个领域，它们都有重新定义和再创造的需要。第一个是不起眼的电池产业。

由于移动化的加速，人们越来越依赖电池。个人电脑和手机产业已经催生了一个新兴的需求，全球需要更多的电池电源，但是跟电动车需要的电池相比，实在是小巫见大巫。现在汽车正处于再创造的阶段，未来汽车将以电池作为动力来源。

发展电动车是伟大的事业，除了一个障碍。它涉及一种元素：锂。

这种柔软的银色元素是质量最轻和密度最低的金属，加上活性高，于是成为生产便携强效电池的理想元素。它质量轻、不占用空间的特点，在日益移动化的世界里尤为宝贵。

锂是手机、个人电脑电池的核心元素，也越来越多地用于汽车。雪佛兰 Volt 就是使用了锂电池的电动车，宝马的混合动力车 MINI 也使用了锂电池。所有的汽车公司，从奔驰、三菱、丰田到大众，都正在寻找能用在绿色汽车上的锂电池。

不幸的是，锂也是一种比较罕见的元素，它正在快速消亡。全球50% 的可采储备都位于世界上最大的沙漠盐沼——玻利维亚的乌尤尼盐沼地区。玻利维亚一贯不乐意由外国开采锂资源，而国内开采计划又进行得相当缓慢，产量目标也有限。专家预测，最早在 2015 年我们将开始面临锂供给的显著短缺。

"汽车制造商将不得不兼顾制造速度和锂供给之间的平衡，"一位矿业专家在最近的 BBC 新闻报道中说，"因为他们不希望把价格定得太高，让电动汽车在市场竞争中处于劣势。"玻利维亚矿业部长路易斯·阿尔韦托·艾斯查祖（Luis Alberto Eschazu）表示："要对西方企业郑重声明，资本主义国家的领导者必须改变心态。"[6]

锂是未来的一个问题，日后必然要跳过。我们需要重塑锂电池。这不是可能发生的事，而是必然发生的事。

那么，如何才能重塑锂电池？

正如我们在第 5 章介绍的，丹·高奇以水藻替代石油。电池问题或许也可以用藻类解决。2009 年 9 月，研究人员在瑞典乌普萨拉大学的翁斯实验室宣布发明了薄如纸片的电池，其主要成分就是海藻、纸张和海水，不使用任何金属。

"我们一直希望能将藻类大量繁殖的关键物质用于一些有建设性的用途，现在已经证明这是可能的。"乌普萨拉研究小组的领导者、研究人员、纳米技术教授玛利亚·史强恩（Maria Strømme）说。"这为大规模生产环境友好型、低成本、轻质量的能量存储系统提供了新的可能性。"[7]

新电池由非常薄的导电聚合物覆盖水藻纤维组成。这种导电聚合物只有40~50纳米或十亿分之一米宽，而海藻纤维素只有20~30纳米宽。

史强恩说："它们很容易制作，你并不需要先进的设备。"

研究人员正在探索全新的电池应用领域。

"如果能把电池装在壁纸里面，帮你家的传感器充电会怎样？"史强恩说："如果可以把电池装在衣服里，是不是能再加上探测器，来检测人体汗液，了解身体状况呢？"

史强恩指出，他们并非想将藻类电池作为锂离子电池的替代。即便如此，水藻电池也指向了一些有趣的可能。

最后，让我们来看看另一个急需重新定义和再创造的领域。找到它，我们只需要看看我们的下一顿饭。

前面提到，19 世纪后期的煤炭问题不是需要解决的问题，而是需要跳过的问题，今天的石油问题也是相同的道理。但不管是煤炭还是石油，至少我们都认识到了问题的存在。还有许多亟待解决的"煤炭问题"，我们甚至连跳过都称不上，因为我们还没有认识到它们的存在。如果你根本不知道问题在哪，也就很难跳过问题。以能源，比如电池供电的电动车辆为例，我们面临锂供给短缺的问题。在农业和食品供应中，问题则来源于磷。

氮磷是活细胞的必要元素。它是 DNA（脱氧核糖核酸）、RNA（核糖核酸）、ATP（三磷酸腺苷）的重要组成部分，并形成细胞膜的磷脂。磷矿石是可用磷的主要来源，最早于 19 世纪中叶开始开采。它是化肥行业的支柱成分，并在 20 世纪成长为现代农业的基石。世界各地的食品供应，磷必不可少。

磷的问题与煤、油和锂一样，它正面临枯竭。2007 年，一些科学家还在说，我们有可能只剩下三百年的可用磷储备。到 2009 年，这一估计已经下调到三十年（专家可能忘了在未来十年，将有十亿人进入中产阶级，他们将要求更多元化的饮食）。也许三十年的期限还是乐观的态度，储量可能更少。

"美国储量还能使用 20 年，"亚利桑那州立大学战略营销和可持续发展方面的教授马克·爱德华兹（Mark Edwards）博士说，"在这些储备被耗尽之前，磷的价格就会变得让大多数农民无法承受，原因是市场价格飙升，以及少数富有磷矿的国家和投机者囤积居奇。"爱德华兹（他在美国海军学院接受过工程、海洋学和气象学专业的训练）指出中国最近针对磷矿石出口加征 175% 的关税，基本上切断了中国从业者出口的希望。加上日益减少的美国本土储备，世界上主要磷矿来源大多是阿拉伯国家，其中许多国家目前并不是友善的贸易伙伴。

换句话说，未来 20 年内磷的供应将开始逐渐下降至消失，价格会暴涨到难以接受的地步，世界上大部分人将负担不起食物，造成大规模饥荒和内乱。

也就是说，要化险为夷，除非我们重塑农业。

其实，磷的问题只是征兆之一，更大的问题是，整个农业生产的经营模式正在变得不可持续。目前的农业机械需要耗用大量的水，消耗大量化石燃料，产生大量的污水，使用了大量的磷，却完全没有进行回收利用。

最后一点值得进一步研究。在工业化前的农业社会，大多数进入作物生产的磷都回收了，并以动物粪便的形式重新进入生产周期，以"绿色肥料"覆盖作物，或是以其他能进行生物降解、再回收利用的形式。据爱德华兹说，农耕时代磷可循环利用 50 次。今天的农场，磷只能利用一次。

"我们不打算再循环利用 50 次，"爱德华兹说，"但我们可以循环利用 40 次，这将足以扭转乾坤。但是，我们不得不重新定义农业生产方式。"

爱德华兹指出，以石油化肥为基础的现代农业显然不是一条通往未来的可行道路，但目前的有机农业也同样不可持续。部分原因是为了得到有机肥而种植的绿肥和植物肥料所需耕地，比可用于种植粮食的耕地要多出几倍。

"有机耕作的现代农民，"他补充说，"同样会遭受全球气候变化的风险，包括高温、干旱、暴风雪、灌溉河流盐水化、土壤侵蚀、海平面上升以及虫害。有机农业往往生产效率更低，更容易受到害虫和杂草入侵，消耗的淡水却和现代农业一样多。"

如果现代农业不管用，传统农业肯定也不管用，我们该怎么办？答案是，完全地重新改造农业。

例如，能不能创造新的方法，不用淡水灌溉，不用矿物燃料，不产生有毒的污水，而且能完全回收大部分磷？我们能不能只在闲置的土地上耕作，而不占用既有作物的耕地？

不可能的，对不对？但你可能已经找到线索。

实际上，我们已经找到线索，答案有很多种。在第 5 章关于跳过石油问题的讨论中，丹·高奇用于生产非石油油料的有机体，也正好生产出了高档的肥料，这个过程不需要淡水和化石燃料，也不需要传统耕地。

只需要藻类。

世界上有大约 4000 种不同的陆生植物，却有千万种藻类。正如我们在第 5 章所看到的，有些水藻可以用来生产燃料油，还有许多水藻可以用来生产优质肥料。爱德华兹主张在粮食生产方面，利用藻类作为主要输入原料的新模式，他称之为"丰饶农业"（Abundant agriculture）。与高奇的藻油生产模式非常类似，丰饶农业的做法别出心裁，跳过问题，而不是试图解决问题，一举跳过了几乎所有现有农业模式的缺陷，并落实了反其道而行的策略。

更重要的是，它不仅解决了农业生产的问题，也提供了另一个问题的解决方案。这个问题我们还未在本书中有过直接讨论，但隐隐将成为未来最大的挑战之一。事实上，这不仅是一个未来的问题，这已经是一个明显而现实的危机，这个问题就是水资源短缺。

干旱和淡水供给已经成为世界上农业密集地区的常见问题。但缺水的问题只是一个预示。令人惊讶的是，爱德华兹和高奇将产业模式再创造后，把这个问题转化为机会。藻类生产设备实际上只需要半咸水和其他无法使用的水，就能生产清洁的饮用水。

用这些富有创造性、打破常规、发挥远见力的方案来解决重大问题时，藻类似乎总是出现在这些解决方案的中心。这并非偶然，藻类与玉米恰恰相反。玉米采用现代化培育方式杂交耕种，已成为饮食与能源的宠儿。爱德华兹指出："水藻是地球上最古老的生长系统。"藻类最初改变了地球，将有毒的（从我们的角度来看）富含甲烷的荒地变成富氧环境，使得地球足以承受碳基生命形式。同样的作用，藻类还能再重复一次，"我们不能再等四亿年，让自然发挥作用，藻类需要我们的帮助"。

这番话说明再创造势在必行，我们等不起。

你可能常常听到人说："做法不变，结果就不会变。"我们一直在等待，直到事情一发不可收拾，才开始危机管理。

我们什么时候买家用报警器？家里被偷之后。我们什么时候开始锻炼？医生检查之后说："你太胖了！"我们什么时候开始经营感情？到法院起诉离婚时："我们应该谈谈吗？"然而，危机显而易见，如果我们一直用心看，就能化危机为转机。

等待的心态纵然人性使然，但今天，我们需要改变等到最后一刻的习惯，因为已经没有足够的反应时间。我们不能坐等饥荒、危机来了之后才付诸行动，我们等不起。

于是乎，问题来了。我们要由内向外改变，还是要被动地由外部驱动内部转变？我们要看到机遇，先知先觉，还是等到危机发生在眼前，再事后诸葛亮地去寻找动力？我们要继续生活在"可靠广场"，还是要移居到"变革广场"？

是时候停止缅怀"旧日时光"了，我们要开始重塑新的日子。

▶▶▶ 行动准则

　　基于眼前已经发生的变化对事业进行再创造，一直以来都是一个有力的战略，但如今再创造已成为当务之急。再创造不同于添加或改变某些功能。一旦事情被再创造，它就永远回不到从前了。

➤ 忽略竞争，相反要跳过竞争，重新定义关于企业的一切。

➤ 持续地去商品化。寻求创造性的方式，使平凡变成卓越，化平凡为非凡。

➤ 旧瓶装新酒也是再创造。回忆重症监护护士是如何使用企业淘汰的寻呼机的？寻找新的方法来创造性地利用现有的技术，重点不在于工具，而是你如何使用它。

重塑自己，因为这关系到我们的事业。如果我们要在技术驱动的变革时期茁壮成长，当务之急是要重塑自己。

➤ 寻找你的核心优势。一旦你开始围绕自己的天分重塑自己，并调整自己的才华来支持你的天分，你就能找到让自己不断精益求精的事业。

➤ 勇于与众不同。不仅要花时间去研究你做了什么，还要研究你怎么做。问问自己："我是模仿还是创新？"你该怎样把业务和自己提高到一个新的水平？看对手正在做什么，然后另辟蹊径。

Chapter

7

主导未来

当时我正站在我兄弟杰克家的客厅里，看着我的侄子伊森与他的四个朋友共商战略。他们专心致志，沉浸其中，讨论用什么复杂的工具、技术和战术来应对快速发展的形势要求。我在旁边看得出神，只见伊森记忆了一堆数据、变量和突发事件，却没有写下来，他已经在之前的 20 分钟内消化了复杂的信息，这些信息比在教室中一天，甚至一周学到的还多。我看到他和四个朋友合作起来轻松自在，惊叹不已，他们彼此间还相隔十万八千里。

你可能会认为距离是一个大问题。毕竟，在这一刻，伊森的朋友们分别坐在俄罗斯、印度、澳大利亚和韩国的客厅里。但一旦合作起来，为达到共同的目标努力，千万里也顿时消弭。这五个男生，有几个还是熬夜状态，正在玩身临其境的 Xbox360 立体互动策略游戏。

伊森那年才 12 岁。

早些时候，我问他花了多久才弄清楚这个复杂的游戏中所有基本组成部分和场景。"40 个小时，我想，也许更多。"他回答说。40 个小时的复杂内容，并且完全没有书面记录。常听人说："现在的孩子记忆力不好，注意力不能集中，整天就是坐在那里玩电脑游戏。"下次再听到这样的话，想想伊森和他遍布全球的队友。

我想起过去几年我提供过咨询服务的公司团队，想知道他们是否能像伊森的团队那样，集中注意力，发挥记忆力，善用技术支持相互协作？

伊森小声嘟囔了几句，他不是在自言自语，而是通过耳麦，与他的团队音频对话。事实上，通过电视宽屏一角的小画面，其他队员也在实时音频通话。（你和你的业务伙伴多久开一次视频会议？对伊森和他的朋友而言，这可是家常便饭。）

我看了看手表，伊森也该开始时间旅行了。不是玩游戏，而是现实生活的时间旅行。

"该走了，儿子！"杰克招呼他。伊森抬头看了看，叹了口气，告诉他的朋友，"我要闪了"，并关闭了游戏机。伊森是一个聪明的小孩，生活在 21 世纪，有 21 世纪的思维方式，但在接下来的 8 个小时，却要待在 20 世纪的大楼中接受 20 世纪的教育，而且这种教育基于 19 世纪的模式。他每天都要回到过去，从创新的 Xbox 到老旧的教育中去。

上学时间到了。

12 岁的小建也该出发去时间旅行了。 像伊森一样，他每天都在时间旅行。到了伊森上床睡觉的时间，小建会在世界的另一边起床，准备他的日常行程。不同的是，小建和伊森的时间旅行方向正好相反。当他离开村子的稻田和大豆田，前往新建的学校，他将离开农耕时代，步入一个充满无限可能的新世界。

对于伊森，从家里去学校是回到过去。对于小建，则是向未来前进。这里所指的不只是教室设备和教学方式，更多的是学习态度和学校营造的朝气蓬勃的学习氛围。在学校里，小建和他的同学们不只是学习而已，他们要努力学习。虽然他们可能没有伊森的学校技术先进，但他们的未来充满了机会，他们也知道这一点。他们渴望并尽其所能了解一切，因为知道未来潜力无穷。他们有远大的梦想。

至于伊森的同学，他们就不那么肯定自己的梦想了。当他们展望未来，并没有太兴奋。他们看到自己的哥哥姐姐在大学毕业后，有的去保险公司，有的去广告公司，有的在政府任职，很快就觉得无聊，就像在老旧的学校一样，甚至对未来的安全感很低。伊森和他的朋友也知道裁员、外包和离岸生产。他们听父母谈论，看新闻头条，知道新闻头条背后的信息。他们并不是傻瓜。

未来看起来有些凄惨。生命在 Xbox 中更美好。

丹尼也是 12 岁，但他对未来没有疑问。他清楚地知道自己的未来：坐牢或去太平间。

我见到丹尼时，恰好是去参观他的时光机器。那是一所市中心的初中，学校两旁是废弃的店面和邋遢破旧的公寓大楼。走在学校外面，我注意到窗户都装了栏杆、铁丝网，上面有层层污垢覆盖。学生从室内向外看，是怎样的景象呢？很快就会知道。

通过了入口处的金属探测器，保安才准我入内。金属探测器？这不是我记忆中的初中生活。但是话说回来，我的初中是 20 世纪的。

如你所知，我的职业生涯开始于教学，一直到现在，我还喜欢和年轻人保持联系。研究未来是我的热情所在，在我看来，如果我们真的想看到未来，就需要贴近年轻人的脉动，因为他们是塑造未来的动力。今天，我要进入丹尼的世界，一瞥这些孩子的未来。

白天我有机会与丹尼和他的几个朋友相处。我们了解对方后，我问了一个成年人惯常会问小孩的问题：你长大后要成为什么样的人？

"你如何看待你的未来？"我问丹尼和他的朋友，"当你到 20 或 30 岁的时候，你觉得自己会变成什么样？"

他们的回答让我相当震惊：没有人觉得自己会活到 20 岁。

我进一步问下去。前不久，丹尼目击了一起飞车抢劫。他的许多朋友身上都有刀疤，有几个还给我看了枪伤。这些都是在美国公立学校读初中的孩子，他们会在乎数学、理化或历史吗？当然不会。如果他们都活不到 20 岁生日，学习这些有什么意义呢？他们告诉我，刚刚上完健康教育课，老师提到滥交的危险，要大家远离毒品和预防艾滋病。"安全的性爱！"他们说笑着，"如果你不到 20 岁就翘辫子了，有什么区别？"

三个孩子，三个时间机器，三个未来的缩影。哪一个是最准确的？

事实是，三者都不是一成不变的。这些都只是软趋势，仍然有机会可以影响或改变他们对未来的看法。改变他们眼中的未来，就可以改变他们的行动，进而改变他们的未来。

透过硬趋势，可以精准地看到未来某些要素的确定性。但如果考虑到软趋势，以及我们影响软趋势的能力，就会知道，事情如何发展是相当灵活的。自然音阶只有七个音符，但音符交织成的乐曲却有无数种排列。未来如何发展很大程度上取决于我们自己的选择，而这些选择很大程度上又取决于我们对未来的看法。

换句话说，我们对未来的愿景是一个自我实现的预言。改变你对未来的看法，就能主导你的未来。

本书中，我们以开阔的视野检视了世界的转变，以及能够最大可能利用未来的变革方式。远见力可以产生各种创意、创新和有效的策略。但远见力不仅仅是工具、策略和计划。

闪现的远见力首先看到的是硬趋势的确定性，在此基础上，学习如何准确预测。它还让我们看到软趋势，以及能够加以转变的要素，帮助我们塑造更美好的未来。但是，这还不够。看到硬趋势和软趋势、预测、变革、反其道而行、跳过你最大的问题、重塑自我等，这些都是宝贵而重要的步骤。但是我们还需要有一个更大和更包容万象的原则：我们需要积极塑造自己的未来。

展望并改写你未来的生活和事业，需要融合远见力的所有原则。引领未来是对这种预见创新力的有意识的锻炼。

1963 年那个炎热的 8 月，如果马丁·路德·金（Martin Luther King, Jr.）站在林肯纪念堂高喊"我有一个计划"，那么，他听起来就像是一个政治家，没有人会记得他的话。但是，他说："我有一个梦想。"

伊森、小建和丹尼，他们每个人对未来都有不同的看法。想象一下他们各自的选择和采取的行动。对未来的愿景推动我们的选择和行为，进而影响发展结果，并塑造我们的人生，最终让我们实现梦想。这意味着，如果我们想知道自己的未来，先要问什么是我们的梦想。

未来愿景

我的朋友米奇尔（Mitchill）用他的生活证明了愿景的力量。他年轻时在旧金山做有轨电车导游，经历了一场摩托车事故，在事故中断了几根手指，全身烧伤超过三分之二。经过一系列漫长而痛苦的手术和皮肤移植，米奇尔重新振作，搬到了科罗拉多州，在那里他成为一名成功的商人，最后甚至当上了镇长。

令人难以置信的是，几年后，米奇尔又遭遇了第二次危及生命的事故：在驾驶小飞机时，机翼结冰，连机带人坠毁。现在的他伤痕累累，坐着轮椅，但米奇尔着眼未来，再一次看到了新的机会，而不是重重限制。

"在我瘫痪前，"他说道，"我可以做 10000 件事情。现在只能做 9000 件了。我可以悔恨已经失去的 1000 件，也可以专注于这 9000 件我能做的事。"

米奇尔成为政治活动家，积极宣传环保事业。今天，他在世界各地发表演说，拨出很多时间免费去监狱、贫民区的学校演讲。几年前，米奇尔给我发了他的照片，只见他绑在一个朋友的背上，正在高空中跳伞。

另一位朋友杰里·科菲（Jerry Coffee），在越南被击落并俘虏囚禁了七年，受到折磨痛打。他被囚禁的牢房里只有一个小锡罐作为厕所。"当你被剥夺了一切，"杰里说，"会惊讶地发现其实你还拥有很多。"杰里还拥有他的信仰和想象能力。

杰里开始通过记忆梳理陈年往事。他回忆曾经听过的音乐会，咀嚼之前读过的书。有一天，他决定重读《白鲸》，从著名的开场白开始，"叫我以实玛利吧"，然后试着记起下一句，一点一点不断继续下去。跟米奇尔一样，杰里现在也周游世界演讲，鼓舞他人。他谈到，由于我们对现实世界的有限认识，常常会创建无形的监狱。与米奇尔一样，他也遭到来自外部的可怕变化，却通过自己的决定，从内而外地改变心境，打破藩篱。

常听人说，"坏事总会发生"。也许是这样没错。但人类有一种惊人的能力，能够把坏事变成好事。米奇尔和杰里为何能脱胎换骨？因为他们能够看到未来。米奇尔和杰里都已培养出如何决定自己所看到的未来的能力。

将自己投射到未来，从未来再回头看你现在的位置。这是远见力技能的关键，我称之为未来愿景。[1]

数十年前，我用未来愿景这个词来指代我们每个人脑海中形成的未来生活的画面。这不同于目标、计划、野心或愿望。未来愿景不是我们的希望或努力的方向，是我们实际持有的对未来的预期和笃定，或好或坏。

我组织这个词的原因是大多数人都没有充分意识到那是什么画面。我们每个人都有一个未来愿景，但往往没有意识到这一点或没有检查它展现的画面。但是，没有意识到未来愿景的存在并不意味着我们不受它控制。

意识到自己的未来愿景，等于你的手中拥有了一个非常强大的战略工具，你就能掌控未来。你的未来愿景决定你采取的行动和避免的行为，不同的未来愿景创造出不同的现实。

同一天里，有成千上万的人买入某家公司的股票，同时也有成千上万的人要卖出股票。他们有什么区别？差别只有一个，就是他们的未来愿景不同。

丹尼对未来勾勒的画面清晰得令人心碎：死亡，很可能是暴力行为造成的，而且是在他的青少年时期。基于这样的未来愿景，丹尼每天作出的选择都无形中确保了那个未来的到来。如果他和他的朋友们对自己的未来有着不同的愿景，他们会作出不同的选择吗？

第 4 章里，我提过用"跳出你面临的问题"的原则用在初中孩子身上，教他们用录音机来写作业。但是，我还用了其他的远见力心法。我教每个学生如何主导自己的未来。在上课的第一天，我让他们看成绩单。每个名字旁边我都写上 A，而他们从来都只拿 D 和 F。

"让我来解释一下我是如何评分的，"我说，"我要告诉大家保持这个 A 的所有秘诀。当你开始失去 A 的那一刻，我会告知你，同时我还会告诉你要如何拿回 A。我会告诉你每次测试的内容，以及该如何准备才能通过考试。"

"我会假设每一位在座的同学都很聪明，直到你向我证明你自己很笨。我也会假设你们都是诚实的，除非你证明你自己是个骗子。"

他们脸上的怀疑显而易见。不过，我已经得到了他们的注意。看到自己名字旁边的 A 对他们来说是一种全新的体验。他们聚精会神地听我说话。他们不习惯被尊重，他们也不习惯有人相信他们。他们习惯了不被尊重、不被信任。我没有将起点设在低分，反而从高分开始。我将他们当成是好孩子而不是坏孩子，让他们深刻感受到反其道而行。

"我不打算教你们学理化，"我补充道，"相反，我打算把你们教成科学家。我会证明给你们看。一个月后，我会把校长请来教室，把问你们的问题拿来问他，你们会发现你们知道的比他多。"一个月后，他们真的赢过了校长。

这是怎么做到的？到了学年结束时，他们都从不及格进步到 C 和 B，甚至有许多人拿到了 A，没有一个人拿 D 或 F。

什么发生了改变？其他班级的老师会说："好吧，今天我们要复习明天考试的内容。"孩子们会想：谁在乎呢？大不了就是成绩难看。

但真到坏成绩出来，就来不及做任何事情了。我所做的只是告诉他们，在问题发生之前，他们可以怎样解决。

对他们来说，拿到好成绩是不可能的事。对他们来说，其中任何一个人得到 A 的画面都是不可能的。我只是让这种不可能成为可能。

管理未来愿景

大众汽车对未来有一个愿景。

2007 年，就在丰田打败通用汽车，获得世界领先汽车制造商的头衔短短几个月后，大众汽车首席执行官马丁·温特科恩（Martin Winterkorn）宣布，公司已经设定了在未来十年内打败丰田的目标。这一目标遭到了大家怀疑。次年大众卖了区区 630 万辆车，而丰田卖了 900 万辆车。然而，到 2009 年第一季度，在全球经济衰退最糟糕的几个月中，这家德国公司大幅提高了在全球市场中的份额，并在当年年底超越通用汽车和丰田成为世界领先的汽车制造商，比原定目标提前了八年。

大众汽车非常谨慎地勾勒出未来愿景。那通用汽车公司的未来愿景是什么？至今还很难说。

不管当前的经济状况如何，作为一名主管，你是否正在管理员工的未来愿景？有些人尽管还在你的公司工作，却在通过网络或电话寻找下家，为什么呢？因为他们的未来愿景。也有人决定要留下来，为什么呢？也是因为他们的未来愿景。

你的商业伙伴、供应商、投资者，他们的未来愿景是什么？你的客户，他们的未来愿景又是什么？

作为家长，你在帮孩子勾勒未来愿景吗？有些孩子打算去上大学，有些孩子打算去吸毒。他们有什么区别？差别就在于他们的未来愿景。

大多数公司都没有将精力用于引导员工勾勒未来愿景，这意味着他们也没有花费精力帮助员工掌握自己的未来。于是，用所有的"战略规划""情景规划"等系统化的方法来设计预期的未来，往往也达不到目标。在这个变化加速的世界里，他们的目标通常要落空，因为他们没有明确地帮员工勾勒未来愿景。

未来愿景决定未来。我们持有的未来愿景决定了我们的行为，进而决定我们的成果。未来愿景就是一切，这具有非常现实的意义。但我们很少这样去考虑未来愿景，甚至很难用词汇来谈论它。

想放松的时候，我喜欢驾着哈雷机车到附近兜风。我这台哈雷有个特别了不起的地方，它没有倒车挡。这是真的，我们也一样：永远也不可能真正回到从前，只能不断向未来前进。

哈雷的后轮在我的身后，由引擎发动。这正是我们的过去，它在我们身后，提供力量，推动我们前进。它的前轮用来确定前进的方向。骑过摩托车的人都知道这个规则：眼睛注意哪里，车子就会往哪里走。只注意到路上有一块石头，你就会不由自主压过去，只盯着前方坑洞看，就会掉进坑里。

你看向哪，就会去往哪。

你会往哪里看呢？

狮　城

在东南亚的马来半岛南端，赤道以北大约 130 英里处，坐落着一个古老的城市，称为 Singapura，马来语"狮城"之意。19 世纪初由英国东印度公司管辖，被作为一个重要的贸易场所。狮城受英国殖民统治长达 150 年，仅在"二战"中被日本短暂占领。1963 年，狮城连同当时的马来亚和沙巴、砂拉越共同成立马来西亚联邦，脱离了英国殖民统治。两年后，狮城分裂出去成为新加坡共和国。

和梵蒂冈、摩纳哥一样，新加坡是世界上少数几个当代城邦国家之一。它是亚洲最小的国家，也是亚洲最成功的国家之一。狮城虽然是弹丸之地，狮吼起来却不容小觑。

在新加坡独立之初，它面临着严峻的挑战。它几乎没有任何一种国家政权的传统要素，这种情况下，它要如何以独立国家的姿态存续下去？土地面积狭小（272 平方英里，比费城略小），几乎没有任何天然资源；种族众多，缺乏统一的国家认同。它与邻国的关系如履薄冰，脱离马来西亚意味着它已丧失了主要的共同市场。随着英国的撤出，又丧失了 5 万个工作岗位，进一步冲击这个刚要萌芽的新兴经济体。

20 世纪 60 年代，有位记者造访新加坡时发现："此地不过是刚要发展的小渔村，根本毫无领土范围可言，而且除了人之外，也没有天然资源。"同一个记者在近半个世纪后的 2008 年对此补充道："今天，新加坡是一个富裕、闪亮、繁华的国家。"[2]

这个小小的城市国家已经成为 21 世纪丰饶经济的典范。新加坡被称为"世界上经商环境最好的经济体"[3]。这里拥有全球第四大外汇交易中心（仅次于伦敦、纽约和东京）。它拥有世界一流的生命科学研究中心、充沛的资金、全球顶尖的航空公司，还有着全球最繁忙的港口，装卸量世界领先。

新加坡以最干净的城市著称，同样也极具现代感。例如，自 2006 年以来，市政无线网络系统为新加坡国内的所有居民提供免费无线网络。新加坡还将自己打造成医疗旅游中心，每年约有 20 万外国人前来看病。到 2012 年，新加坡外国患者人数将达 100 万，创造出多达 13000 个工作机会，产生 30 亿美元的价值。

新加坡航空公司也值得一提，它按国际载客量排名位居全球第六位，按市值计算则是全球第二大航空公司。2007 年，新加坡航空公司被《财富》杂志评选为最受赞赏的公司第十七位。我认识的许多奔忙在外的 CEO 都认为新航是世界上最好的航空公司。

　　1981 年，苹果公司在新加坡设厂的时候，本来打算只生产电路板，供以后在美国组装。但是它在新加坡的工厂非常成功，于是决定在新加坡生产电脑整机。

　　"苹果的理由在于，新加坡工人能够复制苹果美国工厂的运营方法。"《新闻周刊》（*Newsweek*）的法里德·扎卡里亚（Fareed Zakaria）表示。"刚刚接受培训、又有活力的新加坡工人不仅复制了旧的生产过程，还开始改进，进一步降低了成本。新加坡逐渐养成了创新文化。"[4]

　　创新文化并不是偶然，因为有创意为动力，各个产业得以一再出击成功。归结为一点就是愿景。独立以来的这些年，每次出现挑战，新加坡都坚持着对未来无比坚定的愿景。

　　公平地说，新加坡的成功当然也有环境因素的推动。它的陆地虽然小，但是地理位置优越，位于国际航道的枢纽中心。成立初期的人口中包括了接受英式教育的精英分子组成的庞大社会阶层，由他们充当领导，带领国家的新兴工业和金融。地理、人口和匮乏的自然资源，都是新加坡的硬趋势，也是音阶给定的七个音符。新加坡之所以有令人惊讶的成就，都是因为有了愿景，音符得以交织成动人的旋律。

　　新加坡并不完美，它也有自己的问题。批评者抱怨说，新加坡有一个独裁和专制的政府，国家虽然进步，却牺牲了个人自由和政治自由。也许吧。但即使是这种情况，也并不意味着只有特定的政治环境，才能获得这等成就。纵观美国，也经历了类似的努力，并在如今取得了科技创新的飞跃。我们可以再次这样做。事实上，我们必须这样做，每个国家也都是如此。

教育愿景

1997 年，新加坡总理吴作栋（Goh Chok Tong）宣布了一项全国学校系统愿景，确定的口号是"思想型学校，学习型国家"。据新加坡教育部的表述：

> 在此愿景下，举国上下重视思考，国民有能力应对未来挑战，教育系统符合 21 世纪的需要。
>
> 思想型学校是学习机构，它将不断挑战既有假设，通过参与、创造和创新寻求更好的做事方法。思想型学校是思想型学生和成人的摇篮，即使学生离开学校，学习精神也常伴左右。
>
> 学习型国家的愿景是：构建国家文化和社会环境，促进国民终身学习。新加坡人不断学习的能力，既有助于职业发展和个人致富，也将决定我们对变化的集体宽容。

新加坡在过去几年中，积极采取集中国家资源进行研发工作的政策。它的愿景是成为"创新型国家"，成为全球前瞻性思维的领导者。国家领导人特别把教育作为支点，实在是明智之举。

几年前，政府制订了一项计划，在亚洲举办学术竞赛，寻找精英学生。为获奖者提供免费在新加坡接受大学教育的机会。

今年参加"安永企业家"活动时，我问政府的负责人："对这些学生的投资是很高的，我敢肯定，他们毕业时，可能会离开新加坡。这样一来，他们对新加坡有什么帮助呢？"

他说："有些人会离开，但大多数人会爱上新加坡，或是在新加坡找到真爱。"他们确信这些年轻的学生们能在这里找到另一半定居下来。到目前为止，这步棋已初见成效。

虽然我们专注于新加坡来解释愿景与经济发展的关系，但其他的例子不胜枚举。韩国就是一例。

在互联网扩张的初期，韩国决定投资高带宽设备，提供给国民和长期受重视的教育。韩国学生屡次在科学和数学顶级竞赛中拔得头筹。 为什么呢？ 因为他们决定要出类拔萃。他们的愿景是成为世界上教育水平最高、网络最普及的国家。有了愿景，梦想就能成真。

从韩国向西 6000 英里的芬兰，也是值得我们学习的对象。

最近一项针对 57 个国家的调查显示，在约 40 万名 15 岁的学生中，芬兰学生的表现拔得头筹。其中一个原因是芬兰文化对阅读相当重视。虽然不像韩国或日本文化那样有考高分的压力，芬兰学生却取得了如此优秀的成绩。一位校长说："我们没有石油或其他天然资源，但芬兰人有知识。"[5]

像新加坡人、芬兰人那样重视学习，是他们愿景的核心部分。

美国呢？ 在同样的全球测试调查中，美国学生排在中段，和过去几十年来的成绩如出一辙，美国成了中等学生的国家。

1999 年，美国八年级学生的数学老师，只有 41% 在本科阶段学的是数学，或是为了取得教师资格认证而学习数学。国际平均水平为 71%。没有经过培训或不具备相应的能力就去教学，如何与学生分享热忱？ 顺便说一句，这 41% 的老师中大部分即将退休。

近年来，在数学和理化常识的测试中，美国十二年级学生的成绩远低于参与测试的 21 个国家的平均水平。还有一项高等数学的测试，共 15 个国家参与，其中，有 11 个国家超过美国，其余 3 个国家与美国处在相同水平。换句话说，美国和少数几国排在倒数。

从各项测试来看，美国的学习成绩目前处于令人沮丧的低点，而真实情况甚至比数据显示的还要糟糕。看看前文所述小建、伊森和丹尼的处境，你就能进一步了解美国的窘境。教育是一次时光旅行，但时间旅行往哪个方向去，又会进入什么样的现实呢？

教育的一个长期挑战是，新技术在教育领域的普及很晚，下面列举的是新技术的应用路径，新技术通常需要经历不同的应用阶段：

- 军事或航空航天研究出技术。
- 应用于孩子们的玩具中。
- 运用到商务中，并在世界各地普及。
- 最后才出现在教育中，但资金不足，也缺乏培训。

这不是偶然，也难怪最新一代的电脑游戏会吸引孩子们的注意力。其实，这些电脑游戏都是精心研究和创新的结果。2002 年，任天堂对研究和开发的投入就超过 1.4 亿美元，是美国同年教育研究和开发经费的近两倍。任天堂的 Wii 游戏机、索尼的 PlayStation 和微软的 Xbox 对于美国正规教育而言，就如 iTunes 和 iPod 对于四大唱片公司一样。与其抗拒或责难，我们应该拥抱这些技术，因为它们代表了时间旅行的潜力，能够将不适合真人传授教学的一些方面自动化。

就像社会中的其他机构，教育问题不能简单地通过改变来解决，而是需要变革。就跟农业、能源、医疗保健以及其他部门一样，我们需要把数字智能引入教育系统。我们需要教育自动化，同时还要达到教育人性化。

我的兄弟杰克（伊森的父亲）在我公司的教育事业部任职，向 5000 多所学校展示了公司的产品。在这个过程中我们了解到，教师的时间非常宝贵，不该用来教乘法或用图表分析句子。我敢说我们见过的每一个试图教孩子什么是副词的老师，脸上都会有痉挛。那种课程可以而且应该交给 Xbox 或 Wii 游戏机，用身临其境的 3D 游戏来进行。游戏可以自我诊断，随着孩子水平提高，难度水平也会跟着增加。

这是否表明老师没用了呢？恰恰相反，老师有更多的时间进行认知领域更高水平的教学，例如分析、解决问题、综合和创造性思维。通常老师从来没有教到如此深入，因为光是教基本知识就忙得不可开交了。但基本概念可以在多媒体沉浸式的环境中教学。我们应该保留老师的宝贵时间，教导知识，分享智慧。

让 Xbox 教语法，教师就有时间教学生造出有深度、有意义的句子。自动化和人性化，用科技教孩子做加减法和基本的代数，然后让他们和老师交流一些创造性想法，尝试用数学来解决实际问题，例如，怎么样来平衡国家的预算。让老师有时间专注教学的本质，不必为认知领域的基础教学伤透脑筋，失去对教学的热爱，甚至离开教学岗位。

使教育拥有真正的乐趣，让学生更多地参与。治学理念应当如此，我们也必须这样做。

官僚化的教育方法是达不到效果的，就如同看到其他国家研发出创新汽车设计后，我们在后面苦苦追赶。我们需要大胆勾勒宏图愿景，设定积极的目标。例如，"到 2020 年，识字率达到 100%，高中毕业率达到 100%，科学和数学成绩要在全球排名第一。"像这样，设定可以积极追求的、具体的、可衡量的基准，达成后也会获得自豪感。

这种变革，不仅适用于青少年教育方法，也适用于我们现实生活和社会各领域的教育。

向新加坡的"思想型学校，学习型国家"取经，彻底进行教育革命，才能重塑美国梦，创造伊森想象中的未来世界，而不是丹尼心中穷途末路的世界。

工作愿景

我们不仅需要教育愿景，职场也需要愿景。

过去，稳定的工作就是你为同一家公司工作三十年。今天，你甚至不能指望能在同一个行业中工作三十年。在职场动荡的背景下，美国劳动者都在问："怎样才能拿到铁饭碗？"但铁饭碗不会再回来，就像收音机中的真空管一去不返了。职场重视的不再是稳定性，而是适应性。要在未来的世界中茁壮成长，员工需要有适应各种新工作的能力。

　　我们目前的学校课程以后视镜的方法为导向。当婴儿潮一代上高中的时候，我们的辅导员会列出潜在的职业种类："你们从中选择一个。"如今这种方法已经不再适用，因为 2020 年最热门的职位现在还未出现，甚至无法想象。我们需要改变教育方式，我们必须教学生如何应对迅速变化的世界，职场也是如此。

　　人们说"老狗学不了新把戏"。这也许是真的，幸运的是，我们不是狗。

　　过去，从学校毕业后，学一门手艺或技能就能终身受用。如今，时代已截然不同。以前，高学历保证一辈子不愁吃穿。如今，博士学位只表示你以前知道很多知识。今天，只追求学校教育已经不够，还必须终身学习。新加坡的国家教育政策就是"终身学习"，指出"不管职业发展还是个人成长，是否有能力不断学习，将决定我们能否顺应未来的变化"。我们应该聪明地利用新加坡的愿景，更上一层楼。因为人的心智可以无限升级。

　　过去要走出困境、步入成功，只需要一支训练有素的员工队伍。今天，一支训练有素的员工队伍也可能落得悲惨下场，还会滋生保护主义。我们需要的是能够不断重新再学习的员工。

　　美国工会仍旧以稀缺经济的模式工作：他们的目标是保护和捍卫工作岗位，以旧的定义看待退休和稳定工作。但"终身受雇"的概念已不再适用，今天我们需要培养终身就业力才对。21 世纪的工会不该是保障就业，它是要确保你具有就业力。

　　21 世纪的工会重点不应是培训，而是教育。培训只是教人做特定的任务或技能，而教育却是教人为什么这样做以及传授工作背后的原则。培训能让你完成当前的工作，教育能够让你做好准备，适应变化，顺利完成现在的工作和未来工作。

　　前不久，有家大公司的 CEO 告诉我，他舍不得花钱提高员工的能力。"如果我花钱提高他们的能力，他们却离开了怎么办？"

我回答说："我明白你的意思。但是，如果你不这样做，这些没技能的人却留下来了呢？"

学会快速失败

展望新未来和成功生活的一部分是拥抱失败。失败是人生中最有价值和最被低估的资源。

我小的时候，暑假经常搭火车从威斯康星州到得克萨斯州电话镇（见第 2 章）我爷爷的农场里干活。这是一个很好的学习经验，最大的收获就是我学到了改变与失败的重要性。

得克萨斯州电话镇长年变化不大。我拜访了曾祖父之后的短短几年，他就以百岁高龄过世。他曾在南北战争期间当过军队鼓手。1890 年，该镇的人口只有将近 30 人；第二次世界大战爆发前，大约有 100 人。我去看望爷爷的时候，人口涨到 280 人，1990 年萎缩到 210 人，今天它仍然保持这个数字。

在这样的环境下，一有新的变化，你就会注意到。

有一天，爷爷教我如何骑马。马横冲直撞，我连坐都坐不稳。突然，马改变了方向，把我甩了出去。我爬起来，把尘土拍掉后，回去找爷爷。他看着我说："你知道吗，孩子，要顺着马跑的方向骑，这就简单多了。"

几个星期后，酷热难耐，我们祖孙俩坐在令人窒息的得州夏天里，看着一动不动的风景。爷爷知道我当时正在做的项目一直不成功，于是说了另一句充满智慧的话。他肯定沉思了上次对我说过的话。

"孩子，"他慢吞吞地说，"如果马已经死了，就要赶快下马。"

如今，技术变革令人目不暇接，爷爷的建议此时似乎比以往任何时候都更有价值。技术的马匹快速驰骋，如果错过了它改变方向的那一刻，你最终会摔倒在地。同时，眼前有越来越多的马儿阵亡，知道何时下马也至关重要。

失败最大的问题不在失败本身，而是我们常常以慢动作体验失败，拖了几年甚至几十年，导致我们故步自封、裹足不前。

宝丽来看到未来是数字化的，但它仍在模拟相机市场上做困兽之斗，结果一败涂地，最后破产收场。柯达苟延残喘近十年。摩托罗拉在模拟手机市场，也重演了同样的命运，最后完全失去了市场的主导地位。美国主要汽车制造商已经经历了多年的失败过程。

一旦我们学会了快速失败，就能够快速识别失败并采取行动，失败也就能从负面转为正面。事实上，它变成了远见力的另一个触发器。

戴尔电脑就是一个很好的例子。20 世纪 80 年代后期，戴尔以迅猛的速度增长，积极采购零件。1989 年科技突然发生重大突破，造成戴尔库存中大量的过时存储芯片毫无用武之地。公司不得不通过提高价格来弥补损失，进而冲击运营，最终伤害了公司的发展。换句话说，技术驱动这匹快马改变了方向，而戴尔却没有跟着改变。

但是戴尔学得很快。这些经验让公司采用创新的方法来管理其供应链以及与供应商的合作伙伴关系。到 20 世纪 90 年代后期，戴尔将供应链的交付周期缩短到八天以内，相比之下，戴尔的竞争对手的预置电脑库存交付周期仍然超过两个月，这成为戴尔的领先优势。

公司成立之初，戴尔研发出一系列走在科技尖端的生产线，生产屏幕最大、处理速度最快、色彩最丰富，样样都是最顶尖的笔记本电脑，自认为能在市场上有重大突破。1989 年，这款称为奥林匹克（Olympic）的笔记本电脑在计算机分销商展览会（Comdex）上亮相时，成为奥林匹克级别的败笔，市场接受度奇差，戴尔因此亏损了约 1.7 亿美元。

意识到不受消费者青睐，戴尔很快就放弃了其零售战略，重新专注于以客户为导向的客户设计模式，才有了后来著名的戴尔直销模式。

1995 年开始，公司提供在线报价。1996 年推出网购服务，领先同业。戴尔颠覆传统观念，很快其网上销售额就达到 100 万美元。到 2000 年，销售额增长为一天 5000 万美元。

当今环境瞬息万变，我们必须彻底改造失败的本质。我们不应该避免失败，而是需要正面看待失败，及时发现失败。

会不会失败已不再是问题所在。因为变革的步伐是如此之快，失败无可避免。唯一的问题是：失败的速度有多快？承认失败和重振旗鼓的速度有多快？我们最大的经验来自于最大的错误。今天，成功的组织是那些已经学会如何快速失败的组织，而且是不断从失败中学习的组织。

新未来的特点

前文说我们正处在一个完全不同于以往的经济中，立足于丰饶，而不是稀缺，因为我们对信息有了不同的认识。这种不断变化的认识也带来了三股塑造未来至关重要的力量，即沟通、合作和信任。

多年来，我们一直努力成为信息时代的组织。但是，正如精益求精与质量管理一样，信息时代的组织已经成为常态，优势不再。我们现在需要的是成为沟通时代的组织。

信息时代奠定了沟通时代的基础，就好像当初物质资源的发现和开采奠定了工业时代的全面蓬勃发展。因为有了这些资源，才能制造发动机，创造工业技术发明。

我们要跨入的新经济建立在信息的基石之上，信息经过发掘、淬炼，成为知识和智慧，以越来越快的速度流通到全球各地，传达给越来越多的人。

原始数据是数位传输的基本元素，本身并无价值，必须将数据转换成信息才有用。如果你有 30 天内美国所有航班信息的打印资料，你会获得大量的随机数据，但它们是无用的。如果重组这些数据，得出按时间顺利排列的纽约至洛杉矶的航班，这时你就得到了有用的信息。今天，技术已经能够让我们获取很多信息，但是信息的价值不增反减。（在谷歌搜索"飞往纽约的航班"，不到一秒钟你会得到数百万条结果。）

专业的旅行社或在线旅游网站会将信息进一步分析，甚至按照日期、价格、转机次数（直达或转机等）将所有航班的信息分门别类，再把你首选的航空公司突出显示（按照你飞行里程最多的航空公司）。这样，只要给出会议日程安排、航空公司偏好和预算，你就能知道应该预定哪个航班了。由于你可以根据这些信息采取行动，信息已经变成了知识。

知识不仅是更好的信息，它的层级也明显高于信息。信息是内容，知识是内容（信息）加上背景概念。背景概念，是经过整理的观点，正是它赋予了内容意义。正因如此，一个好的说书人会精雕细琢地编故事，最后再抖包袱提出见解。提供信息，但却没有能够采取行动的背景（没有转换成有用的知识），就像是告诉听众要哈哈大笑，却还没有讲笑话。

自 80 年代初以来，我演讲不下 2400 场，常跟大家分享这样一张图（见下页），很多人可能已经在其他场合看到过，但很少有人应用它。在一定程度上，他们不需用到。因为以前，用不用这张图是一种选择，但是在如今这个变革的世界中，你必须应用。

很多公司想必都拥有数据库，甚至知识库，但是否有智库呢？应该要有才对。因为智慧比知识具有更高的价值。智慧从知识中提取，是纯粹的指导方针，跳脱内容与背景之外。这就是为什么智慧是永恒的，不像数据、信息或知识，它可以应用于任何文化、任何背景的任何地方。

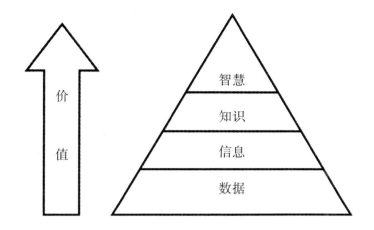

金字塔由下往上，从数据到信息，再到知识，最后到智慧，价值成倍增加。（你希望给人的印象是有大量的数据、大量的信息还是知识渊博，或是一个智者呢？）显然，你花在数据和信息的时间越少，在知识和智慧上花的时间就越多，提供的价值也越多。爷爷奶奶最清楚这一点。和他们在一起时，难道他们提供了很多数据和信息吗？不，他们直接分享智慧。（他们知道时间有限！）

带宽、处理能力和网络技术的爆发性成长使得我们能够一起在网络上沟通。在此之前，数据和信息是稀缺的，你可以通过给人们提供信息获取价值。因此才有了旅行社、股票经纪人、房地产代理，以及许多其他的行业。今天，每个人都可以访问数据和信息，任何人都可以去网上查看航班时间、剩余的酒店客房、股票的当前价格、汽车经销商的报价和最新研制的药物及其禁忌。

数据和信息俯拾即是，很容易就能实现自动化。那么，我们该如何增加价值？这就要通过更高层次的知识和智慧了。

例如，尽管各种互联网旅游服务已经提供了所有的航班信息，我还是需要旅行社来管理复杂的旅行日程。为什么？因为他们知道我的喜好和需求，他们能够帮我制定出理想的行程，更重要的是，比我自己动手更省时间。他们把信息转变成知识和智慧，提供了富有价值的咨询服务。

这是信息和沟通之间的区别。信息是单向和静态的，并不必然导致行动，并常常浪费时间。沟通是双向和动态的，通常引发行动，并常常能够节省时间。

这正是从信息时代向沟通时代进展的道理。当你提供信息时，你只需告知对方。当有双向的对话时，通过分享知识和智慧（也就是提供咨询价值），才能取得最佳结果。这也意味着你已经进入了沟通时代。

下一次你讲完电话后，问问自己："我说的话有多少是在分享知识和智慧，有多少是在提供数据和信息？"提供数据和信息是在浪费别人的时间，无论是有意还是无意，他们都会知道。分享知识和智慧，则能帮助别人节省时间，他们也会知道。（企业主请铭记在心。）这一点尤其重要，因为在今天的大环境里，时间越来越值钱。我花越多的时间告知你，就越是在浪费你的时间。我花越多的时间为你提供咨询，就能帮你节省越多的时间和金钱，增加你的价值，同时也增加了自己的价值。

合　作

塑造我们未来的第二个关键力量是合作（collaboration）。合作与协作（cooperation）的不同跟变化与变革的不同一样。两人协作，是指两人各做各的事，同时彼此给予对方一些配合。两人合作，不仅是彼此配合，而且要共同创造未来。

合作是真诚沟通的结果之一。互联网提供了便利的通信环境，形成了良性循环：沟通带动合作，合作促进沟通，于是双方又有了进一步的合作。

互联网具有开放性，因为它是标准协议。在向丰饶经济的转变中，它起到了至关重要的作用，因为它可以让任何一台电脑或具有网络功能的设备，无论是何种操作系统，都能参与全球会话。同样，无论什么行业或部门，要扩大丰饶经济模式的影响，就该在网络速度上达成全球共识。若我们可以在速度上商定普遍接受的标准，将有助于加速采用新的通信技术和途径，反过来又加快丰饶经济的成长，促进进一步的合作。

"9·11"事件之后，我们看到美国情报界争相疯狂地制造某种合作环境，让中央情报局（CIA）、联邦调查局（FBI）、国家安全局（NSA）和其他几十个情报机构能够相互沟通。在此之前，他们各自为政，觉得并无大碍，消极对外合作，甚至认为应该彼此竞争，觉得对外不透明才是对自己有利的。这是一种典型的稀缺经济的思维方式。

类似的情况也在医疗界存在。目前行业中已经有了很多协作，但都不是合作。大家仍然保护和捍卫自我利益，画地为牢、自我中心、思想古板，也因此无法有福同享。唯一的办法是停止协作，并开始积极合作。把主要参与者，如保险公司、医院、医疗用品供应商和其他医疗服务机构结合起来，重塑医疗体系的各个方面。我知道这听起来不可能实现，但是正如柯蒂斯·伯顿的深海之星项目改造了石油行业，医疗产业也做得到。

信　任

前不久，我订阅的本地报纸到期了。报社给我发了通知，要我为续约支付 190 美元，但我当时正好在外出差，并没有对通知作出反应。等我回到家，语音信箱中有他们的留言，询问我是否愿意续约，只要90 美元。

此后，我再也没有相信过他们的任何促销活动。

信任是塑造未来的第三股力量。在沟通时代，信任已经承担了全新的经济和结构意义。工业经济以实体资源为主，信任很重要，但打破信任很少会被察觉。在当今以电子为基础的经济中，如果信任被打破，人们就会发帖，让企业的恶名传遍世界各地。

你是否接到过电信公司的电话，告诉你："我们针对新客户推出低费率方案，由于您是我们的长期忠实客户，我们也把低费率提供给您。"这种好事当然不可能了。你得打电话投诉，并威胁要换一家电话服务运营商，他们才会告诉你有更低的价格。如此一来，你还会相信他们吗？当然不，你会觉得："我亏了多久了？"

为什么许多企业还在不断做这样的事情？他们并没有恶意，他们也不笨。他们只是没有想到要把建立信任写进业务计划，他们假设信任会自动取得。我们不能再这样想当然地假设会取得信任，把信任看作"软"价值或次要价值，它已成为 21 世纪经济的关键。信任是数字化关系中的新型货币。如果我知道你会将我的名字和信息泄露出去，我就不会把信用卡交给你或购买你的产品。世界的去物质化程度越高，人们就越依赖于信任。信任是把网络经济各个环节结合在一起的黏合剂。

大家素昧平生，却愿意信任彼此，这叫作数字化信任（digital trust）。如何创建数字化信任？与任何其他类型的信任一样，通过诚实和诚信经营，说到做到。然而，管理者的信任假设使他们看不见信任的重要性，很多企业在不知不觉中破坏了信任。怎么说？价格变动（涨价或降价）、聘任和解雇、改变政策、推出新的产品和服务，几乎每件事都会出现摧毁信任的问题。一旦你失去了信任，再找回来就非常困难了。

你作出的任何一种改变都是一个机会，可以增进信任，也可能破坏和削弱信任。在你作出改变前，先问自己："这样做是会增进信任、维持信任还是减少信任？"如果改变会降低信任，那么就不要去做，至少维持目前的信任感。（如果你的企业中有人可以提高信任感，应该公开奖励他们，因为好的行为受到鼓励就会维持下去。）

例如，一个公司裁员数千人，仍然在那里工作的员工会作何感想？这取决于你如何裁员。即便是裁员一千人，也可能让所有的员工更加信任你，包括被裁掉的员工和留下来的员工。那么，该怎么做呢？通过为他们提供职业咨询和再教育支援，提升他们适应职场就业的能力。

有一件事我是绝对相信的，未来是人际关系当道的世界，而良好的人际关系都是基于信任。

打造更人性化的世界

上文提到，技术变革越深，世界就需要变得更加人性化。这是一种软趋势，也是我们面临的选择。

我最近读到一则新闻，堪萨斯州有个中学生患上了癌症，需要接受化疗。她脱发，吃不下饭，变得非常虚弱，只能待在家里，并被告知，要去上学是不可能的。

不可能吗？一家本地公司听说了她的情况，为她捐赠了宽带视频通信设备，分别在课堂和她家里装了 LCD 大屏幕。现在无论她是接受治疗还是在家休养，都能去上课了，并能跟上学校课程，与她的朋友保持联络。这是高科技加上高感性，共同创造更加人性化的世界的一个美好例子。

世界变化的脚步令人吃惊，对我来说最有趣的事情是注意没有改变的东西，那些没有改变，而且永远也不会改变的东西。我们依然会笑、会哭，仍然想要人际关系。我们希望我们的孩子能有更多的机会，我们需要在沙滩上散步，我们还希望看到天空拨云见日。

虽然我们的谋生工具正在以前所未有的速度发生变革，并且未来的速度只会越来越快，但是唯一不会改变的是我们的人性。人与人之间的信任和一对一的人际关系依然非常重要，甚至比现在还要重要。

这就是真正了不起的事情。虽然技术可能会降低人性化，但更有可能让人性发光发热。这一切都取决于我们的意愿，我们可以被动改变也可以主动改变。但是，如果我们被动改变，创造的未来也许会让我们不开心。

摆在我们面前的机会，是让世界多增加几分人性，而不是减少人性；让世界变得更加豁然开朗，而不是闭塞；创造更美好的明天，而不是更加混乱的明天。该怎么做？通过变革我们对未来的认识，积极面对未来，加强改变未来的能力，而不是被动混日子。

在一定程度上，我们一直掌握着主导自己未来的力量。未来一直是一块空白的画布，任我们自由书写。只不过现在转变的速度太快，而且我们有了更强大的工具。在旧时代，如果有人发明了锤子、车轮或马具，消息会慢慢扩散，变化是渐进的，更不要说变革。今天，新工具的影响风驰电掣、遍布全球。

我们正处于技术驱动型变革的年代。这是确定的硬趋势，未来它会被视为历史事实，我们无法改变。这种变革一定是我们可以实现的，并且已经开始。另一种变革并非绝对，我们可以推动，也一定要推动，那不是技术的变革，而是人、社会、心灵，是内在变革。

这个世界已经成为地球村，依存度更胜以往，未来更是如此。随着我们越来越多地合作，生活变得越来越错综复杂，人性的价值将越来越凸显。如果我们再用二十、五十或是一百多年前的思维，寻求 20 世纪和 19 世纪的目标，空有强大的 21 世纪的工具，后果将不堪设想。但是，如果我们转变自己，摆脱老旧的稀缺经济模式，学会用丰饶经济的新模式思考，我们将打造前所未有的良好而民主的社会环境。

科技能载舟，亦能覆舟，这取决于我们如何使用它。归结为一点，就是我们的意念，往前看而非往后看。勾勒未来时，心中有蓝图，而不是被动地维护自身利益。

过去，未来遥不可及，似乎几个世代后的事才叫未来。20 世纪下半叶，节奏陡然加快，未来就在几年之后，几个月之后。现在，未来更是以一种超乎想象的速度发生在眼前，并且以后只会越来越快。随着变革的步伐加快，我们面临着巨大的挑战，同时也迎来了令人惊喜的机会。

现在正是我们的关键时刻。

明日实验室：问题的力量

如果你希望通过阅读本书找到一些答案，我希望读到这里，你已经发现了一些有价值的重点：一些更好的问题。

有一天，我坐在院子里，邻居家的男孩边哭边向我走来。

"怎么了，汤米？"我问。

他告诉我，他家的狗死了。他抬头看着我，流着眼泪说："伯勒斯先生，你觉得天堂有狗吗？"

我应该怎么说呢？我可以给他一些宗教或神学的答案来安慰他。我也可以简单地说："当然！"但是那样的安慰真的能让他感觉好些吗？我很怀疑。因为真正的问题不是我怎么想，而是他怎么想。

我看着他的眼睛说："汤米，如果天堂没有狗，那还是天堂吗？"他想了一会儿，缓缓地点了点头，并给了我一个令人心碎的微笑："谢谢你，伯勒斯先生。"

有时候，最好的答案是另一个问题。

发挥远见力，开始时就要问自己一些有效的问题。在充满了不确定的世界里，你能确定什么？不久的未来是什么样子？你将会遇到哪些问题？你又该如何防患于未然？最重要的是，为了有一个美好的未来，你现在应该采取什么行动？

我最大的担忧是，你学习了远见力，就会把这本书收起来，又回去收拾烂摊子，让自己脱离眼下的危机。毕竟，火都烧到眉毛了，哪有时间认真审视未来？实事求是地讲，没有人有时间。所以，才要特别匀出时间，把它放在日程里，跟自己约定时间来洞察未来。

每周只要一个小时。我经常跟客户这么说，他们通常会反驳："但是我抽不出时间！"（当然，他们之所以在目前的职位上就是因为没有花时间去审视未来！）我敦促他们尽量找时间，重新审视未来。"毕竟，"我指出，"各位的下半辈子都属于未来，每周抽出一小时去思考未来，难道不值得吗？"

我把每星期的这一个小时称为明日实验室（Tomorrowlab）。

在这一个小时里，你的任务是把目前的插头完全拔出，并插入到你的未来。这意味着，将你的手机、笔记本电脑，这些你手头的一切都切断。不只是关闭设备，还意味着做出一个承诺，停止思考目前的问题以及无法让你专注的所有事情，至少坚持一个小时。

一旦你将现实的顾虑抛在脑后，就可以开始探索未来了。

你能确定的是什么？你未来的硬趋势和软趋势分别是什么？永久的、线性的变化有哪些，周期性的变化又有哪些？三大数字化油门和技术驱动型变革的八个途径将如何影响你的生活和工作？

明天、下周、下个月甚至几年后，你会遇到什么问题？你的孩子、配偶、员工、同事、客户会遇到什么问题？更甚者，你能否帮潜在用户看到未来的问题，并找出解决方案，把他们变成你真正的客户？

第一次这样做，你可能在整个一小时中都必须集中精力，设法将注意力从目前的问题移开。但是不用担心，只要下周继续坚持。随着你每周花一小时在明日实验室，你会慢慢看到不久的将来。

一旦你开始看到未来的确定性，并运用远见力的核心原则，如反其道而行、跳过问题、再创造等，你就会开始发挥远见力。一旦你做到了，就很难再忽视它。你的头脑会在后台工作，即使你并不是有意识地去思考。潜意识的处理能力比显意识快上十亿倍。但是，为了让潜意识发挥能力，你必须拨出时间洞察未来，并提出有效的问题。

　　大多数时候，我们忙于应对当下的问题。而这些问题在本质上，通常是在问该如何应对。正如我们在第 4 章中提到的跳过问题原则所指出的，即使是最聪明的头脑，只要问题问错了，也只能得到错误的答案。这就是为什么未来似乎很随机，事情的发生每每让人应接不暇，为什么很容易把成功视为一场赌局。

　　用我们熟悉的方式做事很容易，有时能够处理眼前的危机反而让人安心。这是我们熟知的世界。人生建立在偶然上，时而努力，时而担忧。懂得处理危机，才能放心。创建明日实验室会帮你打开一扇门，让你走出被动反应与失望的循环。

　　我们能够也应该做很多事情。但是我们必须做的事情就那么几件。

　　这种大规模的变革会遍及全球，而且已经开始发生。它正在改变我们的工作、娱乐、学习、生活，甚至颠覆我们的工作方式。明天是如此，下周更是如此。变革将带来巨大浪潮，那些看不到的人，生活将被彻底打乱，看得到的人将把握先机。

后记：一项实验

2009 年的夏天，我以自己为样本，进行创业实验。我认为这应该很有趣。

过去的三十年中，我开了五家公司，全部在第一年就实现了盈利，其中两家还成为全美领袖工厂。其中之一是实验性的飞机企业，成立第一年的年底就覆盖了全美 37 个地区。这一成绩值得深思，因为我是一名理化老师，从来没有接受过正式或非正式的商业培训。并且，作为一个商人，我的生意从来没有贷款或负债。这些创业企业成功的唯一原因，我想用本书里的那些原则来解释。

不过，这一切都发生在我撰写本书的很多年之前。我想，为什么不通过实际使用这些原则，从无到有，一边写书，一边开始一项全新的业务？

我越思考，越是被这个想法所吸引。当时，全球陷入空前的经济危机，美国正经历 20 世纪 30 年代以来最严重的经济衰退。下岗人数成千上万，企业接连倒闭。如果反其道而行呢？成立一个新的公司，雇用人来工作。

这是检验远见力原则的大好时机。在混乱之中，我可以在短时间内创建成功的企业。我决定一边写作，一边实践它，建立一个以发挥社会影响为经营目标的新企业，让这个企业在本书出版前就获得可观的盈利。

概念成形

从确定性开始，我想寻找一个技术型驱动的硬趋势，一个相对新的事物，让我可以肯定它有蓬勃发展的未来。这样的领域有几十个，甚至上百个，而我选择了智能手机。

"确定性""洞察先机"和"变革"等原则都告诉我们：个人电脑正在经历一次重大转变。在过去的半个世纪中，庞大的电脑主机和终端，演变成了台式机，再到笔记本电脑。接下来会发生什么？现在电脑就在我们的手掌上。个人移动平台如智能手机和智能平板，将彻底改变计算机，变革商业。关于这一点，我们可以肯定吗？是的。由于三大数字化加速器（处理能力、存储空间和带宽的垂直增长）和八个途径（去物质化、虚拟化、移动化、产品智能化、网络化、互动化、全球化和汇聚化），智能手机和智能平板毫无疑问走在个人电脑发展的前沿。此外，新一代智能手机和智能平板的功能也将变得更加强大和灵活。不只是发生了变化，而是变革。

应用程序（App）的革命使个人能够个性化自己的手机，并且能够让我们时时刻刻把多媒体互联网的力量掌握在手中，无论我们做什么，无论我们走到哪里，都可以随心使用。应用程序的数量如雨后春笋般壮大，我们可以随意选择应用程序来解决任何问题。手机的功能不再由手机制造厂商决定。计算机程序往往价格昂贵，且安装和升级都很麻烦，应用程序却价廉物美、操作简单。应用程序革命释放出了巨大的力量，并把力量交到个人用户手中。它不只是让某些事情变得更容易，它正在改变我们做事情的方式。

公司开张

2009 年 8 月，我申请设立了一家新公司，叫愿景应用程序公司

（Visionary Apps）。正如我们在公司网站上所说：

> 本公司致力于研发市场上最先进的商业和个人手机应用。

我得到了苹果、微软、谷歌、RIM（黑莓手机）等公司的开发许可证，以便与这些主要的智能手机机型兼容。虽然我立刻明白了，应该先锁定 iPhone，再去跨平台。

我不是计算机程序员，不懂电脑绘图、网站设计和 iPhone 界面，我需要一个团队。为了降低创业成本，激发创新精神，我选择聪明的年轻程序员和设计师，他们刚从大学毕业，是职场新人，他们迫不及待地想在技术革命中占领先机。我跳过一切复杂的薪水制度，创造了一个独立承包的虚拟团队。这是一家完全虚拟的公司：有人居住在威斯康星州，有人在加利福尼亚州，有人在波士顿，我们通过技术连接，进行协作和生产。我知道，随着公司的需求增长，我们会招进新人，当时机成熟，就将他们转换成正式员工。

当然，我们的第一个大问题就是究竟开发什么样的应用。我们不想贸然选出一个类型的应用程序后就投入设计研发。我们首先花了一些时间分析未来趋势。当时的应用程序商都是看到市场怎么发展就怎么开发，而我们想洞察先机。因此，一开始我们问了这样几个问题："往后一两年中，会出现什么顶尖的应用程序？有哪些特点会让人爱不释手？有什么能将它们区别于其他应用程序呢？"

通过这次调查，我们创建了一套包含约三十个"未来标杆"的开发标准，每一件产品都要遵循这些标准。在开始之前我们就想知道所有的应用程序长什么样。我们想创造一个品牌，而不仅仅是一个应用程序。

例如，我们可以看到，应用程序市场正在呈爆炸式增长，市场上已经充斥着各种产品，未来几年将经历一个优胜劣汰的过程，精英中的精英才能生存。一个能在未来真正成功的应用程序必须有一种令人叫绝的元素。一要有高度的惊喜值，好玩到不下载就对不起自己；二要下载了就想跟朋友分享，这只是其中的两条标准。

宏大愿景

标准列表的另一个特点是，我们想让研发的应用程序具有真正的差异性，要产生积极的社会影响。鉴于全球正从稀缺经济转变为丰饶经济，成功的应用程序将是丰饶的代言人。换句话说，将显著改善人们的生活。这也是我们网站上的愿景声明：

> 愿景应用程序公司基于的……企业愿景在于，最大化地利用智能手机技术的革命，让世界更美好。

请注意，该声明最重要的一句话是：让世界更美好。我们不只是想研究出好玩的应用程序，获得利润。我们更想使应用程序以积极的方式改变世界。

研究过程

下一个阶段是市场调查。有了未来的研发标准，我们列出了不同领域的一百种不同的应用程序。我们设想开发疾病管理应用程序、采购和库存应用程序，以及各种其他应用程序。从这个列表中，我们使用谷歌分析和其他一些研究工具，调查人们最感兴趣的是什么，以及其他人还没做的应用程序有哪些。我们不想只是改造已经存在的应用程序，我们想创造新的东西，那些有需要但还不存在的东西。

在我们所有的研究中，有一项特别的发现。当我们搜索字符串"取消抵押品赎回权"和"取消抵押品赎回权房屋",发现每月有 1.2 亿次搜索量。这是一个庞大的数字,是我们关注的所有机会中最大的。而抵押品赎回权的应用程序有多少个呢?零。还没有这样的应用程序。用于查找房屋的房地产代理商的 MLS 系统中也只有少数丧失抵押品赎回权的房屋上市交易,所以即使代理都无法查找到。太完美了!不仅有巨大的市场需求,并且没有现成的产品来填补,而且也符合我们对社会影响的标准。

看到问题

2009 年的夏天,当我们第一次产生这个想法的时候,正值大多数家庭购买意愿低落的时期。房屋价格直线下降,拍卖屋数目暴涨,新房建设已陷于停顿。事实上,房地产行业轰然倒塌是造成失业的一个主要因素。而失业是经济危机中最痛苦的一环,也是最慢出现转机的一环。

建筑业劳动人口众多,但市场上已经有几百万取消赎回权的房屋等待拍卖,再盖新房子已不可能。创造就业机会的唯一办法就是让所有这些取消赎回权的房屋都出售掉。如果能找到一种方法来将这些房屋出售,将会为房地产行业注入活水,创造更多的就业机会,并帮助国家经济好转。

政府已经提出各种经济刺激措施,一些已经通过立法,以帮助首次购房者和其他人购买拍卖屋。立法虽然不失为一个好办法,但我们认为更好的办法是给人们提供新的工具。

我们的研究显示,60% 的拍卖屋都要用现金支付,因此主要的问题不是申请房屋贷款。最大的问题是,大多数人根本不知道如何找到拍卖房屋的信息。相关网站很少,信息不全,而且还向用户收费,也没有明确指导购买该房屋的说明。

如果我们可以让人们快速、方便且廉价地（即零成本）在相应地区找到拍卖屋、获得购买信息，并让取消抵押品赎回权的专家提供帮助呢？

我们决定开发一款应用程序，让用户能够找到特定区域的取消赎回权的房屋，获得所有相关信息。应用程序中还包括一个智能指南，会告诉用户究竟如何去购买取消抵押品赎回权的房屋，甚至有可以提供帮助的专家热线。

让我们暂停一会儿，应用反其道而行的原则。这个程序对正在寻找取消抵押品赎回权房屋的人很有效。但对于被取消赎回权的人呢？如果房贷违约，房屋被拍卖，你现在就需要找到一个新的地方居住，而且速度要快。

如果我们研发第二款应用程序，尽可能快地帮助你找到负担得起的房屋呢？如果你此刻买不起房屋呢？让我们再开发第三款应用程序，帮助你找到公寓或小型出租房。

其他的搜索结果告诉我们，寻找房屋租售的人也很多。我们查看了苹果应用商店，发现了几十款房地产应用程序，但都是区域性的，由房地产经纪人个人提供，覆盖的只是他们自己负责的区域。反其道而行的另一个绝佳点子就是开发全国通用的应用程序。

进行集思广益和数据库研究之后，我们花了四五十天。在2009年初秋，愿景应用程序公司的第一款产品正式推出，是一组房地产应用程序套件，包括针对丧失抵押品赎回权的房屋、普通家庭以及用于房屋出租的应用程序。

收入来源

那么，问题来了：我们将如何靠这些应用程序赚钱？

目前，应用程序赚钱的唯一途径就是收取初始下载费用。花费从

2.99 美元到 100 多美元不等，但 99 美分是最普遍的价格。在这种模式下，一旦客户购买了应用程序并下载使用，这一收入流也就结束了。有些应用程序的创作者尝试使用弹出式广告作为收入的另一来源，但根据我们的调查，效果不是非常好。

研究告诉我们，真正通过应用程序赚钱的企业并不多。赚了很多钱的公司（高达 100 万美元）很少。随着新的应用程序数量开始爆发，市场也越来越拥挤。

我们思考该如何为我们的第一款应用程序定价。应该定为 2.99 美元、3.99 美元还是 4.99 美元？定太高会不会反而失去了市场竞争力？定价 99 美分，我们能负担得起吗？如果有 1.2 亿次搜索量，应用程序定价 99 美分也可以做得很好。那么，价格的平衡点在哪里？

使用远见力原则，我们决定完全跳过这个问题，让用户免费使用应用程序。我们的研究表明，如果该应用免费，可以得到 10 倍的用户数量。不从购房者收费，我们决定反其道而行：向卖家收取费用。我们可以向房地产代理收取一定的费用，作为应用程序列出的邮政编码分段中主要房屋资产的专业代理费。每月每个邮政编码收费 24.99 美元。美国有 42000 个邮政编码，这样，我们每个月都能有超过 100 万美元的经常性收入。

值得注意的是，我们已经完全改变了应用程序的业务模式。现有应用程序的收入模式是收取一次性费用，一旦你的客户群达到临界点，收入来源将中断。在我们的模式中，收入来源将一直持续下去。

通过改造应用程序的收入模式，我们想进一步重新定义它。

一旦经纪人帮你挑选出了房屋，下一步你要怎么办？申请抵押贷款。那么，我们能在应用程序中按照每个邮政编码地段，添加一家抵押贷款公司吗？当然可以。一旦你买下房屋，你会需要一家搬家公司，这意味着我们可以按照每个邮政编码，增加一家搬家公司的信息作为独家专供。如果你购买拍卖房屋，还可能会需要一家装潢设计公司。

我们看到购房者的各种问题，并在需要的时刻，帮助他们解决问题。如果每个月每个邮政编码下的每家公司付费 24.99 美元，我们的应用程序一年就可能产生高达 6000 万美元的收入。

我们还可以扩大其他方面的收入。例如，出售取消赎回权房屋的房地产代理商会举办研讨会，学习如何销售这些房屋。我们可以向客户收费，提供这类资料。也有向市民开放的关于拍卖的讲座，教人怎么拍卖，并且还会带他们去拍卖会场。我们可以收取一定的费用，在应用程序上列出拍卖网站。

出售应用程序的公司往往对升级不感兴趣，因为一旦购买了应用程序，用户就会得到免费的升级，市场上没有公司对升级收费。我们决定建立一种模式，可以持续不断地为应用程序增加新的功能和特性，吸引更多的付费客户，同时增加应用程序的价值，由此每次升级就产生更多的收入。

产品出炉

我们的第一波产品是三款应用程序：拍卖屋百分百、购房百分百和租房百分百，统称为房屋百分百（Complete Real Suite）。

通过拍卖屋百分百，用户可以搜索到全国范围内 160 多万间房屋，并且每次打开应用程序，都会显示最新上市的房屋，也可以通过价格、地点、卧室和浴室的数量等分类搜索和排序。此外，还有超过 80 万条短售屋信息，每日更新。

通过智能手机的 GPS 技术，你可以在交互式地图上快速找到房屋位置。这种交互式地图就像 iPhone 标配的地图应用程序一样，在某地寻找房屋时，地图上会出现小图钉定位房屋位置，你可以点击任何一个图钉，它就会出现视窗，显示这间房屋的地址、价格、卧室和浴室数量等房屋信息。这个应用程序还提供房屋图片和社区的卫星鸟瞰图，以及驾车的路线。

　　该应用程序还包括一个智能购买指南，可以帮助你应对购买取消赎回权房屋的复杂过程。此外，你可以直接联系专家，只要向下滚动屏幕，你就能看到专家的照片、简历和电话号码。点一下电话号码，就能立刻拨号，马上跟他们交谈。点一下他们的电子邮件，就能立刻写邮件给房地产经纪人，邮件里自动显示你感兴趣的那间房屋，让你和房地产经纪人能在同一时间看到同一间房屋。

　　通过一键自动电子邮件，你可以与配偶、家人和朋友分享中意的房屋。你也可以保存最喜爱的房源，方便稍后离线浏览。

　　对于房地产经纪人而言，该应用程序的使用也很方便，他们可以浏览短售屋（收到违约通知单的房屋），联系房主，看看他们是否需要卖掉房子。事实上，该应用的潜在用户范围很广：购房者和卖房者、房地产投资者，甚至包括经济学家和关注住房发展趋势的记者。

　　另外两个应用程序，在范围和功能设置上非常相似，能让用户找到全国各地的房地产经纪人的信息，并找到公寓和出租房屋。三款应用程序都重新定义了人们购买和出售房屋、公寓的方式。

隆重登场

　　2009 年 8 月，新公司还在构思的阶段，我听到有一位大师级人物评论应用程序业务："如果你想开一家应用程序公司，那你来得太晚了，所有的程序都已经做出来了。"这让我不禁发笑，这是不可能的！在尝试做任何事情前，我最喜欢听到有人说不可能做到。

　　推出新的应用程序，一个主要障碍就是苹果应用商店中已经有太多的产品，超过十万种。"你会迷失在应用商店中"就是评论之一，我听说了很多次"消费者永远找不到你"。

　　这确实是一个问题，所以我们决定跳过它。苹果应用程序商店确实让人眼花缭乱，但这不是真正的问题。我们真正的问题是找到一种方法，让人们注意到我们的应用程序。研发初期，我们决定推出有新闻价值的应用程序，经过媒体报道后，就会有客户来尝试。如果我们的应用程序足够好，就会口口相传。

我们选在 2010 年 2 月 22 日周一推出"房屋百分百"，当天还有其他新推出的 iPhone 应用程序，包括飞刀（Knife Toss）、NASA 月球电子模拟器、飞哥与小佛（Fhineas and Ferb Arcade）以及战火回忆录 2：全球战线（Brothers in Arms 2: Global Front）。各位猜猜哪一个上了新闻？

"房屋百分百"上架首周，就受到《华尔街日报》博客的报道。然后，《商业周刊》《彭博》《今日美国》等三十几家主要出版物都撰文评论。《福布斯》称它是"房地产投资者不可或缺的工具"。不久，福克斯新闻及其他全国性的广播媒体纷纷找我访谈。第一周结束时，我们就拿下苹果商业应用程序下载量排行第六名，并在所有的应用程序下载量中排第十七名。

三个星期后，我们开始增加新的功能。我们增加了房屋的图片，并把照片放大，提供了"安排看房"按钮和一个"索取更多信息"按钮，其中包括降价提醒功能，这两个新功能的目的是将用户导向付费房地产经纪人。我们将继续增加新的功能，以提高应用程序的水平。

该应用程序进入苹果应用商店之前，我们已经和全国各地实体地产代理签订了合约。房地产经纪人购买的邮政编码并非是一两个，通常是 4~12 个，早期的客户甚至买了 30 个地段。换言之，这三个应用程序虽然免费提供给用户，但在没有人下载之前，我们就已经从付费客户中获利了。这也是目前市场上绝无仅有的。

我们的目标之一是对应用程序的收入模式进行完全的重新定义和再创造。推出产品之前，我们就已经成功地实现了这一目标，有望第一年就获利。（想要进一步了解愿景应用程序公司的发展，可以访问

www.flashforesight.com。）

　　怎样朝国外发展呢？我们已经办到了。2010 年的春天，公司正准备进入加拿大及英国等国家，并致力于成为一家全球性的公司。

　　在公司创业早期，只有我和营销副总裁珍妮弗·梅特卡夫（Jennifer Metcalf）是全职员工，其他都是独立的承包商和一些战略合作伙伴。我们根据发展需要，将各个研发环节委托给程序员和设计师。我希望最终能将这两名合作的程序员纳入公司，成为全职员工。因此，愿景应用程序公司的全体工作人员扩大经费不需要通过借贷，资金都来自客户付费。

主导公司未来

　　我们的产品二月份在苹果应用商店推出，这只是一个起点。该应用程序也可以在安卓和黑莓等其他流行的智能手机平台进行下载。应用程序革命不单纯局限于手机，事实上，在个人联网设备上也引爆了革命。未来的应用程序除了针对 iPhone、iPad 与 iTV 之外，也会锁定它们的竞争对手。这是移动信息的革命，也是互动信息的革命。

　　信息不只是房地产信息而已。在开发初期，我们就开始思考，如果我们用相同的软件引擎和接口，使用不同的数据会怎样呢？我们对可以应用相同概念的其他领域进行了头脑风暴。有一个特别吸引我的想法是反其道而行：房地产应用程序针对的是私营部门和个人，怎样在整个军事组织中使用应用程序呢？

　　在二月份推出应用程序之前，我们已经开始与军方合作，打造一个新类型的工作应用程序，旨在支持现场安全和应急响应。输入他们的数据，而不是全国房地产数据，开发一个军方可以使用的应用程序，比如让他们能够对任何应急设施进行快速定位和部署。

　　想象一下这样的场景：发生紧急情况时，每个人都想逃命。你拿起 iPhone，锁定事故地点，搜索哪里有应急设施。屏幕显示一些小图钉，按下其中一个，就能找到设施的位置。

你还能找到人员，军事行话称为"资产"（asset）。因为基地有摄像头，系统中有面部识别软件，应用程序可以告诉你这个"资产"是敌是友，身份是否已知。如绿色图示表示对方是自己人，红色表示是敌人，蓝色表示身份不明。这些人走动的时候，基地的摄像机会追踪他们的行迹，相对应的图示也会跟着移动。

不难想象，应用可以扩展到海关和边境沿海港口，以及其他情境。

在推出第一款消费产品之前，我们已经对它进行了完全的重塑，以最小的新设计，开发一款全新的应用程序，锁定了完全不同的市场。

保密性和保密要求不允许我分享产品的细节，但我可以这样说：我们在 2010 年 4 月份推出了新的军队应用程序，正好是在推出房屋百分百两个月之后。

将我们的基本应用程序的概念用于军事用途后，后续的改良就不是难事了。例如，还有谁可能会遇到紧急情况？我们都记得，2007 年 4 月的弗吉尼亚理工大学枪击事件。事件的问题之一是找不到也传播不了正确的信息。现场一片混乱，学生们知道发生了什么事，但没有人知道该去哪里。他们所能做的就是盲目闪躲。

如果他们有这个程序呢？把房屋、拍卖屋或军事人员的资料换掉，改成大学的地图，屏幕的图钉会显示哪里有危险以及最新进展（红色图标），哪里是安全的地方（绿色图标）。在美国，每所大学都可以使用这样的应用程序。

或者，让我们再次彻底改造，将这所学校的紧急程序应用于机场。可能性是无穷无尽的。在推出产品前，我们的网站上描述了公司愿景：

愿景应用程序公司旨在利用不断发展的智能手机、智能平板和智能电视带来前所未见的机会，设计出全新和令人兴奋的方式，在实际领域如房地产、医疗保健、采购、物流、供应链、销售、市场营销、能源、安全等应用领域，给予使用者更强大的体验。

因为我们预见了科学技术变革的趋势，掌握了确定性；因为我们跳过应用程序现有的限制，利用一切机会反其道而行；因为我们不断地反问自己，如何能够重新定义和再创造，所以我们在八个月内，就成立了全新的公司，不仅获得了可观的营业收入，更能无限拓展。

冲浪板没有引擎，只要摆对位置和正确的方向，保持身体平衡，就能乘着风驰骋浪头。这正是我们公司所做的。我们并不需要大量资金，不需要大量的员工。原因在于，我们一开始就看准趋势的走向，再思考产品理念。我们所要做的就是把自己放在正确的位置，朝向正确的方向，保持平衡，科技的变革浪潮自然会带着我们向前冲。

我们做到了，你也能做到！

丹尼尔·伯勒斯

注　释

前　言

1. Dale Morgen is not his real name; because a few of the inventions discussed here are in an early stage and not ready for formal announcement, we have used a pseudonym.

第 1 章：从确定性开始

1. Her name is Kathleen Casey-Kirschling, and she lives in Cherry Hill, New Jersey. Her fortieth birthday (in 1986) was recounted in *Money* magazine, and ever since then her birthdays have been regularly noted by media accounts.

2. "Social Security Hits First Wave of Boomers," *USA Today*, Oct. 8, 2007.

3. "GM: Live Green or Die," by David Welch, *BusinessWeek*, May 16, 2008.

4. "GM Shifts Focus to Small Cars in Sign of Sport Utility Demise," *New York Times*, June 4, 2008.

第 2 章：洞察先机

1. In Fact, I recently happened to meet with a research team at Intel. I mentioned this point, and they agreed that there is no end in sight to the continuous impact of Moore's Law, because we keep innovating.

第 3 章：变　革

1. These crystal ball assessments appeared in the *New York Times*, Jan. 25,

1996; *Time*, Feb. 5, 1996; *Fortune*, Feb. 19, 1996; and the *Financial Times*, July 11, 1997.

2. Miguel Helft and Ashlee Vance, "Apple Passes Microsoft as No. 1 in Tech," *New York Times*, May 26, 2010.

3. "How Apple Is Preparing for an iPod Slump," *New York Times*, April 23, 2008.

4. Daniel Burrus with Patti Thomsen, *Advances in Agriculture* (Dubuque, Iowa: Kendall/ Hunt Publishing Company, 1990).

5. The iShoe is developed and marketed by iShoe, Inc., www.i-shoe.net.

6. "Self-Care Can Save Millions in Health Costs: Unnecessary Visits to ED, Other Costs Avoided," *Occupational Health Management*, November 2001.

7. "Gene Map Becomes a Luxury Item," by Amy Harmon, *New York Times*, March 4, 2008.

第 4 章：跳出你面临的问题

1. "China Outpaces U.S. in Cleaner Coal-Fired Plants," by Keith Bradsher, *New York Times*, May 11, 2009.

2. "China Vies to Be World's Leader in Electric Cars," by Keith Bradsher, *New York Times*, April 2, 2009.

3. An ironic title for a putatively forward-looking journal: a more apt title might have been *Wireless*.

4. *Time*, Dec. 13, 2006.

第 5 章：反其道而行

1. "The Best Service in the World," *Networking Times*, Jan. /Feb. 2010.

第 6 章：重新定义和再创造

1. Elizabeth Edwards, *Resilience* (New York: Broadway Books, 2009), p. 34.

2. "Post—Maytag, Newton Looks to Smaller Business," by Mike Glover, *Chicago Tribune*, April 23, 2009.

3. "Xeros Washing Machine Cleans with Static and Just a Drop of Water," by Cliff Kuang, *Fast Company*, July 1, 2009.

4. "How Pigs Saved Our Bacon," by Daniel Gross, *Newsweek*, March 17, 2008.

5. John David Mann, "The Best Service in the World," *Networking Times*, Jan. /Feb. 2010.

6. "Bolivia Holds Key to Electric Car Future," by Damian Kahya, BBC News, Nov. 9, 2008, http://news.bbc.co.uk/2/hi/7707847.stm.

7. "Paper—Thin Batteries Made from Algae," by Charles Q. Choi, *LiveScience*, Nov. 25, 2009.

第 7 章：主导未来

1. Futureview® is a registered trademark of Burrus Research Associates, Inc.

2. "Singapore as Innovation Nation," by John Kao, *Huffington Post*, March 14, 2008, www.huffingtonpost.com/john—kao/singapore—as—innovation—n_b_91653.html.

3. "Singapore has been rated as the most business—friendly economy in the world. According to a World Bank—IFC report, Singapore beats previous winner New Zealand for the top spot in the 2005/2006 rankings while the United States came in third." *Singapore News*, Singapore: Channel NewsAsia, Sept. 6, 2006, cited in the Wikipedia entry for "Singapore".

4. "A Conversation with Lee Kuan Yew," by Fareed Zakaria, *Foreign Affairs*, March/April 1994.

5. "What Makes Finnish Kids So Smart?" by Ellen Gamerman, *Wall Street Journal*, Feb. 29, 2008.

出版后记

随着科技的不断进步，人的需求和欲望不断扩大，最畅销的商品今天尚未生产出来，最热门的职位今天还不存在。我们如同疾驰在通往未来的高速公路上，目所能及的一切都在急速过时、变成历史，就连我们自身也无法幸免这种不断过时的命运。用作者的话来表达，"如果奏效，就已经过时"。如何在这个快速变化的社会生存下去，是我们当下迫切要面对的命题。

作为长期关注科技发展的咨询大师，作者丹尼尔·伯勒斯对于未来有自己的看法，称之为远见力。他认为，如同现在的人必须学会开车、学会使用电脑一样，我们也需要学会预见未来的发展趋势，才能从容面对科技指数级的增长。要系统地运用这种远见力，我们就需要学会七个原则：从确定性开始、洞察先机、变革、跳出你面临的问题、反其道而行、重新定义和再创造、主导未来。

但是远见力并不是虚构空中楼阁般天马行空，而是基于目前确定的事物、确定的目标或确定的原则，分清未来的硬趋势和软趋势，顺应硬趋势，改变软趋势。既要有变革的决心和破除陈规的勇气，又要理解技术和应用的逻辑。在这个过程中，创新的思维甚至比创新的技术更重要。反其道而行以及策略上跳出某个问题的限制为创新思维提供了方向。主导未来，为自己设立未来愿景，则是应用远见力的宗旨，描画了我们的未来可以达到的程度。作者用最寻常的案例为我们解释远见力能带领我们去往的未来，比如婴儿潮一代的人口数据能够带来的商机、能源危机的多种解决方案、苹果公司和亚马逊公司的超前性、

Web 4.0 的新面貌。

所以，远见力是发现思维的盲点、超越想象的边界、洞察未知的机遇，它是先发制人的利器。"只要有可能，必将会实现；你不去做的别人就会去做。"这是全新的黄金法则。在别人还未发现之前，看到不可见的未来；在别人还未做时，做成不可能的事。这就是远见力的意义，这就是创新的含义。为消费者提供他们自己都还没有发觉的需求，这就是长盛不衰的真理。

服务热线：133-6631-2326　188-1142-1266

读者信息：reader@hinabook.com

后浪出版公司

2016 年 3 月

图书在版编目（CIP）数据

理解未来的7个原则：如何看到不可见，做到不可能 /（美）伯勒斯，（美）曼著；金丽鑫译 . -- 南昌：江西人民出版社，2016.6

ISBN 978-7-210-08303-0

Ⅰ . ①理… Ⅱ . ①伯… ②曼… ③金… Ⅲ . ①企业管理 Ⅳ . ① F270

中国版本图书馆 CIP 数据核字（2016）第 071063 号

FLASH FORESIGHT, Copyright © 2011 by Daniel Burrus.
Published by arrangement with HarperBusiness, An Imprint of HarperCollins Publishers.
本书中文简体版由**后浪出版咨询(北京)有限责任公司**出版。

版权登记号：14-2016-0081

理解未来的 7 个原则：如何看到不可见，做到不可能

作者：[美]丹尼尔·伯勒斯　[美]约翰·戴维·曼著

译者：金丽鑫　责任编辑：徐旻

出版发行：江西人民出版社　印刷：北京天宇万达印刷有限公司

690 毫米 ×960 毫米　1/16　17 印张　字数 166 千字

2016 年 6 月第 1 版　2016 年 6 月第 1 次印刷

ISBN 978-7-210-08303-0

定价：68.00 元

赣版权登字 -01-2016-133